au 1 mai 1792

$\frac{L. N^s}{Rend.}$ 379$\frac{i}{}$

Gazzoni

GRAMMATICA
E VOCABOLARIO
DELLA
LINGUA KURDA
COMPOSTI
DAL P. MAURIZIO GARZONI

De' Predicatori Ex-Missionario Apostolico

ROMA MDCCLXXXVII.

Nella Stamperia della Sacra Congregazione
di Propaganda Fide

CON LICENZA DE' SUPERIORI.

PREFAZIONE

La favella Kurda all'Europa fin'ora ignota, ella è un linguaggio non ingrato all'orecchio, è proprio del paese detto Kurdistan tra i confini della Mesopotamia, e della Persia. Trae la sua origine dalla Persiana, che coll'andar del tempo si è corrotta appropriandosi molte parole Arabe, alterate unitamente ad altre frasi, e parole Caldee, così che da più secoli se ne formò una lingua distinta affatto dalle altre, e prese un nome proprio. Questo paese in sè contiene una estensione in circa di venticinque giornate di longhezza, e circa dieci di larghezza; si divide esso in cinque grandi principati maomettani tributarj alla Porta Ottomana, e qualche volta alcuni di essi anche ai Persiani; vale a dire il principato di Betlìs, il principato di Gezira, detto da alcuni geografi regno de' Bottàni; il principato d'Ama-

PREFAZIONE

d'*Amadìa*; il *principato di Giulamerk*; ed il principato di *Karaciolan* (1). Ciascuno d'essi può mettere in piedi un' armata di dodici, e più mila combattenti. Il più vasto, e più potente è il principato di *Karaciolan*, perchè dopo il 1760 coll' ajuto del *Pascià di Bagdad* ha unito al suo principato, quello del *Koi Sangiak* detto volgarmente *Soràn*; Il più nobile però è quello d'*Amadìa*, li di cui principi discendono dalla stirpe degli antichi sovrani detti *Kalifa di Bagdad*, come quelli pure di *Giulamerk*, essendo stati due fratelli, che si stabilirono nel *Kurdistan* da più di cinque secoli per quanto si vede dalli monumenti, e lapidi sepolcrali dei loro antenati. Quando si vuole sapere da un *Kurdo*, a che principato appartenga, si distinguono con questi vocaboli. I sudditi del *Karaciolan* si dicono *Soràn* [quali solo parlano Kurdo, gli altri del Karaciolan detti *Babàn in Turco*]. Quelli d'*Amadìa* Badinan. Quelli di *Giulamerk* Sciàmbó. Quelli di *Gezira* Bottan. Quelli di *Betlis* mantengono

―――――――――――――――

(1) A questi paesi, quantunque non appartenenti al Kurdistan, si può aggiugnere il monte Sangiár tra Mosul ed il fiume Kabúr popolato dalli Jazidj, quali non hanno altra lingua fuori della Kurda [nazione barbara, nota per le gran karavane, che quasi ogni anno spogliano] oltre le vaste pianure tra Mosul, Nisibi, ed Urfa, dove si trovano nazioni guerriere Kurde.

PREFAZIONE

gono il loro nome Betlìsi si distinguono pure tra loro nel parlare in alcune distinte frasi, e pronuncia; come accade anche nelle provincie d'Italia; la più pulita però è quella d'Amadia, di cui me ne servo nella presente opera.

Li paesi Kurdi sono tutte montagne altissime appartenenti al monte Tauro con le loro bellissime valli, fertili di frutta, e riso. I loro monti sopratutto abbondano di ottima galla, della quale li mercanti esteri ne fanno un gran commercio, trafficandola nell'Asia minore, in Soria, in Aleppo, indi in Europa; per li buoni pascoli abbondano pure d'ottime pecore, e capre, in cui consiste la maggior entrata. Le pianure poi a piè de' monti tanto dalla parte di Persia, quanto dalla parte di Mesopotamia sono fertilissime di grano, lino, bombace, e sesamo.

Regnano i loro principi non già sempre per successione da padre in figlio; ma bensì da uno della stessa famiglia, che si trova più potente dopo la morte del regnante, non facendosi mai successore, se non dopo molte battaglie, e tradimenti, essendo questi popoli barbari, ed infedeli, divisi in tante tribù, da loro chiamate Assiréta, le quali compongono i rispettivi eserciti. Ciascuna di dette tribù ha il proprio capo, che

vien

vien investito dal principe. Accade però frequentemente, che queste Assirète si ribellano contro il proprio principe, unendosi tre, o quattro di esse per fargli guerra, quale se riesce felicemente, lo depongono, e rimettono al governo un altro principe, sempre però della stessa famiglia.

In questi principati vi sono moltissimi Cristiani al numero più di cento mila; la maggior parte di essi sono Nestoriani divisi in due patriarcati. Uno de' Patriarchi è residente in Kocianisi vicino a Giulamerk sempre denominato Mar Simon *con cinque Vescovi suffraganei; l'altro abitante nel monastero detto* Raban Ormes*, vale a dire del Monaco Ormisda, vicino ad Elcosc sede patriarcale, denominato sempre* Mar Elia*. Questo Patriarca oltre quella che ha negli altri 4. principati del Kurdistan, ha anche la giurisdizione in tutta la Mesopotamia [eccettuati Diarbekir, e Mardin], ed in due provincie di Persia con tredici Vescovi suffraganei* (1)*. Si trovano anche*
dei

---

(1) La dignità patriarcale, e vescovile nei Nestoriani passa in eredità da zio in nipote, ò al più prossimo parente della stessa famiglia paterna, così che alcune volte, per occupare le sedie vacanti vengono ordinati li Vescovi in età di anni dodici, come è accaduto due volte a miei tempi.

PREFAZIONE

dei *Giacobiti* con i loro rispettivi *Vescovi*, e molti *Armeni*. Questi Cristiani sono così ignoranti, che i loro preti, comunemente parlando, appena sanno leggere, e pochi scrivere, e per conseguenza stanno tutti sepolti nella loro ignoranza, nell'eresia, e nei vizj. Per quanto ho potuto indagare, nessun missionario nei tempi andati si è mai stabilito in questi barbari paesi, e se qualcheduno per accidente si tratteneva qualche giorno di passaggio, era necessario, che parlasse per interprete senza poter ottenere quel frutto desiderabile. Il primo missionario a stabilirsi in Kurdistan fu il P. Leopoldo Soldini Domenicano nel 1760, il quale finì i suoi giorni nella città del Zàko, dominio d'Amadia nel 1779. Il secondo sono stato io, che lasciando nel 1764. la città di Mosul provista d'altri missionarj (1), mi sono portato in Amadia. Non posso esprimere quanto sia stato difficile, e penoso l'imparare una lingua materialmente senza l'ajuto di qualche

---

(1) Nella missione di Mosul già abbandonata dai Padri Cappuccini, si sono stabiliti li Padri Domenicani nel 1750 spediti dalla S. Congreg. di Propaganda, sedendo Benedetto XIV. ad istanza d'un sacerdote cattolico Caldeo nominato Kas Keder fuggito dalla sua patria di Mosul per le grandi persecuzioni fattegli dal Patriarca Nestoriano, e ritiratosi in Roma, vi dimorò fino alla morte.

qualche grammatica, o libro, poichè i Kurdi nelle loro scritture si servono della lingua Persiana letterale non intesa, se non dai loro dottori. I Cristiani tra di loro fanno uso dei proprj libri in lingua rispettiva, vale a dire li Nestoriani nella lingua Caldea, li Giacobiti nella Siriana, gli Armeni nell'Armena; tutti però devono sapere la lingua Kurda non solamente per commercio con li Maomettani, ma anche per li loro interessi appresso li proprj padroni (1).

Considerando io dunque la sudetta difficoltà, e possedendo la lingua Kurda bene per quanto si possa apprendere da un Europeo [avendo trattato con li Kurdi più di 18. anni] mi sono risoluto di comporre per comodo dei nuovi missionarj una grammatica, ed un vocabolario. Mi spaventò a prima vista tale impresa; ma a forza di pensare, riflettere tra me stesso, e combinare tutto il modo di favellare Kurdo, mi è poi finalmente riuscito dopo molta fatica di formarmene un'idea per istabilire li fondamenti grammaticali

---

(1) Nel Kurdistan tanto li Cristiani, quanto gli Ebrei nati sudditi hanno i loro respettivi padroni Maomettani, i quali hanno sopra de' suddetti il dominio, fuorchè della vita, ed esigono da essi ogni anno una determinata somma di denaro, oltre i regali, e lavori, e queste famiglie si possono donare, o vendere dai padroni ad altre persone, come se fosse un bene stabile.

PREFAZIONE

ticali. Confesso il vero, che questa grammatica non sarà perfetta nelle sue parti: sarò però dagli uomini prudenti compatito, perchè io sono il primo, che senza ajuto di alcuna persona, senza libri di tal lingua, mi sono cimentato a mettere in luce la notizia d' una lingua finora ignota col puro fine d' ajutare li futuri missionarj. Nessuno però mi potrà negare d' aver con questa mia opera facilitato il modo di perfezionarla a chi col tempo dovrà far uso di questa lingua, e sebbene fosse cosa desiderabile, ma non così facilmente eseguibile, che li missionarj sapessero le lingue proprie delli Cristiani, troppo tempo vi vorrebbe per abilitarsi, e vi mancherebbe poi il tempo di fare il loro obbligo per istruire, ed illuminare quei Cristiani, al che eseguire basta la lingua Kurda, che è a tutti comune.

Di più essendo il Kurdistan un paese tra li confini della Persia, e dell' impero Ottomano sottoposto a varie rivoluzioni si può dare il caso, che li missionarj siano obbligati ad abbandonarlo, e passare qualche secolo prima, che si possa di nuovo qualcheduno introdurre; in tal caso questa mia opera sarà desiderata, e servirà d'ajuto per avere i primi principj della lingua di cui trattiamo, senza de' quali bisognerebbe perdere troppo tempo, come chiunque si può immaginare.

Ecco

Ecco dunque l' intenzione mia, per cui mi sono affaticato a formare una grammatica, e vocabolario Kurdo Italiano. Prego pertanto ognuno d'un benigno compatimento, se vi è qualche mancamento, a cui potranno altri supplire.

DELL' ALFABETO.

SI fervono li Kurdi delli caratteri Perfiani, ed in tutti i loro fcritti pubblici fanno ufo della lingua Perfiana letterale, cosi che le loro fcritture non fono intefe fe non fe dai loro eruditi, quali fanno tale ftudio per poterfi guadagnare il vitto onoratamente. Tutti i villaggi ftipendiano uno, che non folamente fappia leggere il Perfiano, ma che fia capace d'interpretarlo in lingua Kurda, e quefti fi domandano *Mella*. Egli è vero che qualche lettera familiare, poefie, e canzoni fono compofte in lingua loro, ma le fcrivono con caratteri Perfiani. Per comodo di chi fa, o che voglia imparare a leggere Perfiano, ed Arabo annetto il foglio ftampato dalla Sacra Congregazione di Propaganda nel 1633, comprendendo la lingua Kurda molto di quefte due lingue. Ma ficcome la mia intenzione, come diffi nella prefazione, è di comporre quefta grammatica principalmente per quei nuovi miffionarj, che non hanno notizia alcuna delle fopraccennate lingue, e devono impiegarfi in quei paefi, fcrivo perciò in carattere Italiano, quale per altro è mancante delle gutturali, ed altre. Per fupplire a tale difetto è neceffario, che mi fpieghi con fegni aggiunti ai noftri caratteri, intendendo di farli equivalere in quella maniera, che fi può alla pronunciazione Kurda.

I fegni dunque faranno li feguenti. Il $\bar{A}$ con la righetta fopra, fi deve pronunciare gutturale equivalendo all'Ain Arabo. Il c̈ con due punti fopra fi pronuncia, come un G dolce. Il d̈ con due punti fi pronuncia un poco tra' denti. Il g̈ con i punti come fi è fi è detto del c̄. Il Gh ſi pronuncia come in Italiano il Ga Go Gu. Il ḡh con la righetta ſopra ſi pronuncia gutturale equivalendo al Gain Arabo. Il k̄ con la righetta ſopra ſi deve pronunciare un pochetto gutturale, equivalendo al Kaf Arabo. L'H dopo una vocale è ſegno, che la vocale ſi deve pronunciare con aſpirazione. Due HH dopo una vocale ſi pronunciano, come una gutturale profonda un poco quaſi aſpirante, equivalendo all' Ha Arabo; lettera la più difficile da proferirſi dagl'Italiani, vale a dire l'ottava lettera dell'Alfabeto Perſiano. Il Sc o ſia Scin Arabo ſi pronuncia come in Italiano, anche venendoli dopo le vocali A.O.V., perchè ſe doveſſi ſcrivere la parola ſcala, nel parlar Kurdo ſcriverei skala. Il ẗ con due punti ſi pronuncia un poco tra' denti. L'U vocale ſi pronuncia come il noſtro. L'V conſonante ſi deve pronunciare tra l'O ed U; ma quando l'V conſonante è in fine della parola, e forma da ſe una mezza ſillaba, ſi deve pronunciare con le labbra di ſotto verſo li denti, formando quaſi un mezzo U, v.g. bocca De,v, labbra Le,v. L'ẍ con due punti ſi deve pronunciare tra il noſtro X, ed il Z. Il ż con i punti ſopra ſi deve pronunciare dolcemente come foſſe nè S, nè Z, equivalendo al Dzad Arabo; ed anche al Sfad. La virgola dopo una conſonante principiante una parola, è ſegno che quella conſonante ſi deve pronunciare da ſe, quaſi foſſe una ſillaba diſtinta; ver. gr. Amo T,vem ſi pronuncia come ſe foſſe Tevem.

Ella è coſa certiſſima, che neſſun Italiano può pronunciare bene le lingue Orientali Araba, Perſiana, Caldea &c. ſe non col lungo eſercizio, e prattica colle perſone nazionali, e poſſo con tutta ſincerità aſſerire dall'eſperienza da me veduta, che ſono rariſſimi quegli Europei, che dopo aver imparato bene ne a leggere, e scrivere le suddette lingue, pronuncino in tal maniera, che non sieno conosciuti per forestieri; eccettuati però coloro, che sono andati in levante da fanciulli. Supposto dunque tale riflesso, qui sottometto il sopraccennato alfabeto, e proseguo la grammatica.

ALPHABETUM PERSICUM

Latinum.			Persicum.
باخَا فذاكِنى لاتين			باخَا فارس
1	A a	alif	ا اليف ١
2	B b	be	ب به ٢
3	P p	pe	پ په ٣
4	T t	te	ت ته ۴
5	T̂ t̂	te	ث ثه ۵
6	G g	gim	ج جيم ۶
7	Ġ ġ	ge	چ چه ٧
8	H̱ ẖ	ḥe	ح حه ٨
9	X̂ x̂	x̂e	خ خه ٩
10	D d	dal	د دال ١٠
11	Ḋ ḋ	dal	ذ ذال ١١
12	R r	re	ر ره ١٢

Latinum			Persicum	
13	Ż ż	że że	ژ	ژه
14	Ẑ ẑ	ẑe	ژ	ژه
15	S s	sin	س	سین
16	X̂ x̂	x̂in	ش	شین
17	Ṡ ṡ	sad	ص	صاد
18	S̈ s̈	s̈ad	ض	ضاد
19	Ṭ ṭ	ṭa	ط	طا
20	Ṫ ṫ	ṫa	ظ	ظا
21	E a	ain	ع	عین
22	Ġ ġ	ġain	غ	غین
23	F f	fe	ف	فی
24	Q̇ q̇	q̇af	ق	قاف
25	K k	kaf	ک	کاف
26	K̂ k̂	kaf	ك	كاف

27

Latinum.		Persicum.
27 L l lam		٢٧ ل لام
28 M m mim		٢٨ م ميم
29 N n nun		٢٩ ن نون
30 ħ ħ ħe		٣٠ ع ه
31 V u vau		٣١ و واو
lamalif la		لام الیف لا
32 I i ie		٣٢ ى يه

DE NUMERO, ET FIGURA PUNCTORUM, SIGNORUM, AC LITTERARUM.

Punctorum genera, quibus figurae litterarum utriusque hujus Persici alphabeti multiplicantur, sunt tria: motiones Arabum, quae vices vocalium gerunt, tres; sed harum motionum figurae duae, signa quinque, figurae litterarum Arabum XVII. tantum; sed per illa tria puncta, sive tres notas, usque ad XXXII. multiplicantur. Similiter ad Persarum, Arabumque prorsus imitationem etiam figurae Latinae praesentis alphabeti multiplicantur.

Figurae supra litteram

◦ ◦ ▬ ◦ ′ ‵ ٨ ◦◦

Subtus litteram

◦ ◦ ◦◦ ◦

NU-

NUMERAZIONE KURDA

Quale è la stessa che la Persiana.

Uno	Jek	Undeci	Janzdah
Due	Duh	Dodici	Duanz dah
Tre	Seh	Tredici	Sez dah
Quattro	Ciahr	Quattordici	Ciahr dah
Cinque	Penc̈	Quindici	Panz dah
Sei	Scesc	Sedici	Scanz dah
Sette	Ahft	Diecisette	Ahft dah
Otto	Ahſt	Dieciotto	Ahſt dah
Nove	Nah	Diecinove	Nunzdah
Dieci	Dah	Venti	Bist

Venti e uno	Bist u iek	Quaranta	Cehl
Venti due	Bist u du	Cinquanta	Pengiah
Venti tre	Bist u seh	Sessanta	Scesct
Venti quattro	Bist u ciáhr	Settanta	Ahſté
Venti cinque	Bist u penc̈	Ottanta	Ahſté
Venti sei	Bist u scesc	Novanta	Nud
Venti sette	Bist u ahft	Cento	Sad
Venti otto	Bist u ahſt	Cento e uno	Sad u iek
Venti nove	Bist u nah	Due cento	Du sad
Trenta	Se	Mille	Ahzár

RIFLESSIONE

La vocale U frapposta in due numeri serve di copula, come noi diciamo in Italiano *venti e uno*.

Il numero uno quando è unito ad un sostantivo più elegantemente si pospone, e si lascia la voca-

B le

le I, v.g. *Cavallo* Aſp, *un Cavallo* Aſpek, *ora* sāat, *un' ora* sāatek.

DELLE DECLINAZIONI

Declinazione dell'articolo il, la, lo.

La lingua Kurda non diſtingue l'articoli dal singolare, e plurale.

Nom. *il, la, lo,* ſi dice	'l, *oppure* l'
Gen. *di, del*	Ex̄, Ia
Dat. *a, al*	A.
Acc. *il, la, lo*	'l, *oppure* l'
Voc. *o*	Ia
Abl. *da, dal*	Ex̄

Li Kurdi non fanno uſo dell'articolo nel genitivo, quando è in mezzo a due ſoſtantivi; e ſi ſervono del Ia ſolamente quando ſignifica proprietà v. g. *Di me*, o ſia *mio* ia men; altrimenti dicono ex̄, v. g. *uno di voi ha fatto &c.* iek ex̄ ungho cekèr &c. come pure degli altri articoli, fuorchè dell'ablativo.

Annotazione. Tanto l'articolo del dativo, come dell'ablativo ſi mutano nei ſoſtantivi aſtratti nella propoſizione *An* quale ſi aggiugne al ſoſtantivo poſponendolo, v. g. *io vado a pernici* (s'intende *a caccia*) az b,ciúm x̄aván, *io vado à pecore ſelvatiche* az b,ciúm pax̄án. Eſempio per l'ablativo *queſta è opera da uomo* av ſcioghol merán, *da gioventù* laván, *da donna* zenán.

Rifleſſione. Quando due ſteſſe vocali s'uniſcono una dopo l'altra, ſe ne elide una, come ſi vede di ſopra negli ultimi eſempj, *gioventù* ſi dice lava; *da gioventù* laván, e non lavaán; e così di tutti li ſoſtantivi in aſtratto.

De'

De' sostantivi, ed aggettivi.

Li sostantivi, ed aggettivi nella lingua Kurda sono indeclinabili, e non ha questa lingua mascolino, e femminino, e li casi si distinguono o dalli articoli, o dalli pronomi. Sia per esempio. *Padre* Bab, *del Padre* ia Bab, *al Padre* a Bab, *o Padre* ia Bab, *dal Padre* ex Bab.

Annotazione. Tutti li sostantivi, ed aggiettivi che finiscono in vocale, quando sono in fine del discorso si può elidere la vocale v. g. *io sono sano* az sa k̄ a; oppure az sak̄. Ma quando li sostantivi finiscono in una consonante, e gli seguita un aggettivo, o pronome si frappone una delle tre vocali A E I, sia per esempio *Padre* Bab, *Padre mio* Babemen, *Madre* Daik, *Madre mia* Daikamen, *sostanze* mal, *sostanze fabbricate* (vale a dire *moltiplicate* frase Kurda) Maliavà. La vocale I accade di raro. La regola generale è la seguente. Dopo il B si pone E, dopo F s'aggiugne E, dopo il K s'aggiugne A, dopo L se seguita una vocale, si aggiugne I se una consonante E, dopo il M si aggiugne E, dopo il R si aggiugne E; ma 'l R si fa spiccare quasi che fosse raddoppiato. Nelle loro poesie però in fine dei versi per far la rima si servono di qualunque vocale per licenza poetica, ed alcune volte aggiungono un' altra vocale di più.

De' nomi comparativi.

Anche li comparativi sono indeclinabili, e si distinguono dai superlativi in questa maniera. In luogo della particola più, si pospose al comparativo la particola ter; e per farlo superlativo si antepone, v. g. *bello* spéi, *più bello* spéiter, *bellissimo* ter spéi.

De' nomi derivativi.

Li nomi derivativi dalli proprj nomi degli uomini, o regni, o città si formano con l'aggiugnervi la lettera l in fine del nome proprio se finisce il nome con una consonante, v. g. *Persia* Agem, *Persiano* Agemi, *Babilonia* Baghdad, *Babilonese* Baghdadi, *Mosul* Musul, *Mosulino* Musoli. Se poi il nome finisce in vocale s'aggiugne vi, v.g. *Zako* Zako, *del Zako* Zakóvi, *Akri* Akre, *d'Akri* Akrevi. Alcune volte però li formano come li Turchi con aggiugnervi li, v.g. *Constantinopoli* Stambul, *Constantinopolitano* Stambulli, *Diarbeker*, *di Diarbeker* Diarbekerlì; ma questa derivazione la fanno solamente dalle città che presero il nome dalli Turchi.

De' pronomi.

Singolare		Plurale		
Io	Az	Noi	Am	*nel preterito si*
Tu	Tu	Voi	Ungho	*(dice anche Ma*
Quelli	Au *oppure* Aví	Coloro	Vvan	

Annotazione. Io Az, ma quando questo pronome è unito ad un verbo attivo nel preterito si dice Men, Così pure *Tu* nei verbi attivi nel preterito si dice Ta; gli altri pronomi mai si mutano.

Declinazione de' pronomi.

Singolare		Plurale	
Nom. Io	Az *oppure* Men	Nom. *noi*	am
Gen. *Di me*	la men	Gen. *di noi*	ia má
Dat. *A me*	A men	Dat. *a noi*	a má
Acc. *Me*	Me	Acc. *noi*	am
Voc. Io	Az	Voc. *noi*	am
Abl. *Da me*	Ex Men	Abl. *da noi*	ex má

Sin-

KURDA

	Singolare			Plurale	
Tu	*Tu unito nel verbo attivo nel pret.*Tá,			*Voi* vngho	
Gen.	*Di te*	ia tá	Gen.	*di voi*	ia vngho
Dat.	*A te*	A tá	Dat.	*a voi*	a vngho
Acc.	*Te*	Ta	Acc.	*voi*	vngho
Voc.	*Tu*	Tu	Voc.	*voi*	vngho
Abl.	*Da te*	ex̄ tá	Abl.	*da voi*	ex̄ vngho

	Singolare			Plurale	
Nom.	*questo*	au, *oppure* ava	Nom.	*questi*	van
Gen.	*di questo*	ia au	Gen.	*di questi*	ia van
Dat.	*a questo*	a au	Dat.	*a questi*	a van
Acc.	*questo*	au	Acc.	*questi*	van
Voc.	*questo*	au	Voc.	*questi*	van
Abl.	*da questo*	ex̄ au	Abl.	*da questi*	ex̄ van

	Singolare			Plurale	
Nom.	*quello*	aví	Nom.	*quelli*	vvan
Gen.	*di quello*	ia aví	Gen.	*di quelli*	ia vvan
Dat.	*a quello*	a aví	Dat.	*a quelli*	a vvan
Acc.	*quello*	aví	Acc.	*quelli*	vvan
Voc.	*quello*	aví	Voc.	*quelli*	vvan
Abl.	*da quello*	ex̄ aví	Abl.	*da quelli*	ex̄ vvan

Annotazione. Benchè per lo più li vocativi si dicano senza o; alcune volte si mette la particola ia, v. g. *o Padre* ia Bab, *o Madre* ia Daik, *o caro* ia āziz.

Stesso *Medesimo*

Questi pronomi la lingua Kurda non li ha, e si serve d'altra frase, v. g. *Questo e quello è lo stesso* Au u aví ammo iek; vale a dire *questo e quello è tutto uno*. Nei personali poi, ed in astratto si servono della propofizione QO, v. g. *io stesso io medesimo* az bu q̇o, che equivale *io per me stesso, io per me medesimo*. *Tu per te*

B 3   *stesso*

22 GRAMMATICA

ſteſſo tu bu ǭo , queſto per ſe ſteſſo au bu ǭo , da ſe ſteſſo, per ſe ſteſſo e ẍ ǭo .

Annotazione . Queſta propoſizione ǭo più volte ha anche forza di *mio, tuo, ſuo, voſtro, loro* , indeclinabile , equivalendo *mio, ſteſſo, tuo , ſteſſo &c.* v. g. *Queſto io l'ho fatto di mio ingegno* av men cekiria e ẍ ākele ǭo, *tu l' hai fatto di tuo ingegno* ta cekiria e ẍ ākele ǭo , *pagheranno di loro borſa* ahhk bedén e ẍ kiſſa ǭo .

Se , o *ſi* ſoſtantivo unito al verbo lo dicono come noi , *ſe* .

Altro Idi , ma per lo più aggiungono il relativo ki, v.g. *io voglio un altro* az t,vem iek k'idi , che ſignifica materialmente in noſtra lingua *io voglio uno che è altro*; ma queſto s'impara coll' eſercizio di favellare .

De' pronomi derivativi, i quali non hanno genere.

Queſti pronomi , quando ſono ſoli hanno la forza di genitivo , onde ſi dicono

Mio	ia men (cioè) di me	Noſtro	ia má (cioè) di noi
Tuo	ia tá	di te	Voſtro	ia ungho	di voi
Suo	ia avi	di quello	Loro	ia vvan	di loro

Quando poi queſti pronomi derivativi ſono congiunti a qualche ſoſtantivo , ſi poſpone il pronome , laſciando il *ia*, quale , come diſſi , propriamente ſignifica *di*, o *del*, ſia per eſempio .

Mio Padre	Babemen	*Noſtro Padre*	Babe má
Tuo Padre	Babetá	*Voſtro Padre*	Babe vngho
Suo Padre	Babe avi	*Loro Padre*	Babe vvan

Del

KURDA 23

Del relativo.

I Kurdi ficcome non hanno genere, perciò si fervovono folamente del relativo *che*, qual si dice *ke*, v. g. *il lavoro che tu fai* fciogol ke tu cetkei; *quella donna, che è andata via* av zen ke ciò.

Ma quando il *che* fignifica cofa, deve dirfi *ce*, oppure *ci*, v. g. *che hai?* ce aia? *che è questo?* av ciia? Questo *a* dopo il *ci* ha forza del verbo foftantivo.

Chi si dice fempre *ki*, v. g. *chi è stato?* ki bú?

DE' VERBI

Del verbo foftantivo fono.

Questo verbo è privo dell'indicativo prefente, si fottintende però fempre, e si pronuncia folamente il pronome unito ad un foftativo, o aggettivo; ferviranno d'efempio li due feguenti indicativi.

Indicativo prefente.

Singolare		vale a dire
Io fono fervo tuo	az koláme tá	io fervo tuo
Tu fei fervo mio	tu koláme men	tu fervo mio
Questo è fervo mio	au koláme men	questo fervo mio

Plurale		vale a dire
Noi fiamo fervi tuoi	am koláme tá	noi fervi tuoi
Voi fiete fervi miei	ungho koláme men	voi fervi miei
Quelli fono fervi miei	vvan koláme men	quelli fervi miei

B 4

Altro indicativo presente, ove il verbo si sotttintende.

Singolare		vale a dire
Io sono ferito	az brindár	*io ferito*
Tu sei ferito	tu brindár	*tu ferito*
Questo è ferito	au brindár	*questo ferito*

Plurale		vale a dire
Noi siamo feriti	am brindár	*noi feriti*
Voi siete feriti	ungho brindár	*voi feriti*
Quelli sono feriti	vvan brindár	*quelli feriti*

Si eccettua però l'indicativo presente, quando è interrogativo dopo il *chi*, al quale si aggiugne un A, che ha forza del verbo sostantivo, raddoppiando l'I, come si vede dal seguente esempio.

Singolare

Io chi sono?	az kiia?
Tu chi sei?	tu kiia?
Questo chi è?	au kiia?

Plurale

Noi chi siamo?	am kiia?
Voi chi siete?	ungho kiia?
Quelli chi sono?	vvan kiia?

Qualche volta però nella terza persona si dice Aia, v. g. *il tale è in casa?* flan aia mal. Ma questa è una frase che così corrisponde: *la casa ha il tale.*

Del

Del preterito imperfetto è privo.

Preterito perfetto

Singolare
Io sono stato — az bú *oppure* bum
Tu sei stato — tu bú
Quegli è stato — av bú

Plurale
Noi siamo stati — am bu *oppure* bum
Voi siete stati — ungho bú
Quelli sono stati — vvan bú

Annotazione. Io si dice Az, e non Men. Tu, Tu, e non Ta, perchè il verbo è divenuto passivo come si vedrá in appresso.

Preterito più che perfetto.

Anche di questo li Kurdi sono privi, e supplìscono col mettere il pronome nel presente indicativo, col verbo nel tempo preterito perfetto frapponendo la particola kan, v. g. *Io era stato* az kan bú, *tu eri stato* tu kan bú &c.

Futuro.

Singolare
Io sarò — az debúm
Tu sarai — tu debit
Quegli sarà — av debit

Plu-

GRAMMATICA

Plurale
Noi saremo   am debúm
Voi sarete   ungho debit
Quelli saranno   vvan debit

Imperativo.

Sia Debit *e meglio* Bit

Soggiuntivo.

Per soggiuntivo nei preteriti solamente s'antepone al verbo uno di questi due avverbi, *se* egher, *cosi* kuži, v. g. *se fossi stato* egher az bum, *cosi fossi stato* kuži az búm &c.

Per Infinito si servono della terza persona del preterito perfetto.

Del verbo possessivo ho.

Questo verbo ha solamente il presente indicativo, quale è indeclinabile, e si distingue solamente dai pronomi. In tutti gli altri tempi poi la lingua Kurda muta la frase, e si serve del verbo sostantivo, perciò l'ho messo immediatamente dopo il sudetto verbo.

Indicativo presente.

Singolare
   Io ho   az aia
   Tu hai   tu aia
   Quegli ha   av aia

Plurale
Noi abbiamo   am aia
Voi avete   ungho aia
Quelli hanno   vvan aia

Preterito perfetto.

Singolare   vale a dire
Io ho avuto   nek men bú   appresso di me è stato
Tu hai avuto   nek tá bú   appresso di te è stato
Quegli ha avuto nek aví bú   appresso di quegli è stato

Plurale   vale a dire
Noi abbiamo avuto nek má bú   appresso di noi è stato
Voi avete avuto   nek ungho bú appresso di voi è stato
Quelli hanno avuto nek vvan bú appresso di quelli è stato

Dell'istessa frase si servono li Kurdi nel futuro, e soggiuntivo; ma nell'infinito si dice Aia, a differenza di tutti gli altri verbi, che per infinito prendono la terza persona del preterito perfetto, di cui questo è privo; perciò la conjugazione de' suddetti verbi non deve servire di regola per le conjugazioni degli altri.

Delle conjugazioni de' verbi.

Le conjugazioni della lingua Kurda hanno il loro fondamento dalla prima persona dell'indicativo presente. In alcuni verbi si distinguono tutte le tre persone nella conjugazione; ed in alcuni la seconda persona non si distingue dalla terza, se non se dal pronome. Nel preterito perfetto diventano li verbi indeclinabili, eccettuati però quelli, che terminano nella prima persona del preterito colla
con-

confonante M ; quale però la perdano nelle altre due perfone : la lingua Kurda non ha altri tempi fuor che il prefente indicativo ; preterito perfetto, ed imperativo ; fi eccettua però il verbo Sono, che tiene il futuro come fi è veduto di fopra, e meglio fi vedrà nei verbi paffivi.

Il tutto meglio fi comprenderà dalle fpiegazioni che farò in appreffo delle varietà delle conjugazioni, quali io divido in tre claffi ; cioè : de' verbi femplici attivi, compofti, e paffivi ; e quefte ben imparate non farà difficile intendere la lingua Kurda. Principierò dunque dalle conjugazioni de' verbi attivi.

CONJUGAZIONE PRIMA DE' VERBI ATTIVI

Del verbo facio.

Per prima conjugazione ho ftimato bene di fervirmi del verbo Facio, perchè effendo quefto verbo non folamente il più ufato, ma anche fondamento del verbo compofto, ben intefa quefta fi avrà per così dire la chiave in mano per avanzarfi nella lingua Kurda. Si deve però avvertire, che in tutte le conjugazioni il fingolare del verbo non fi diftingue dal plurale fe non fe dai pronomi.

Indicativo prefente.

Singolare
Io faccio	az ce kém	*oppure*	kem
Tu fai	tu ce kéi		kei
Quegli fa	av ce két		ket

Plu-

Plurale

Noi facciamo	am cekem	*oppure*	kem
Voi fate	ungho cekei		kei
Quelli fanno	vvan ceket		ket

Annotazione. Quando questo verbo non è negativo, si framezza la lettera B, o la lettera T; ma solamente nel tempo presente, ed imperativo; e sarebbe un assurdo a metterlo nel preterito. Ecco dunque come si può dire

Singolare

Io faccio	az cebekem	*oppure*	cet kem
Tu fai	tu cebkei		cet kéi
Quegli fa	av cebket		cet ket

Plurale

Noi facciamo	am cebekem	*oppure*	cet kem
Voi fate	ungho cebkei		cet kei
Quelli fanno	vvan cebket		cet ket

Riflessione. La particola Ce, quando il verbo è composto per lo più si tralascia, come si vedrà a suo luogo; nel presente però semplice di raro si lascia.

Preterito imperfetto.

Per supplire al preterito imperfetto, di cui sono privi li Kurdi, si servono essi della parola Araba kan avanti il pronome col verbo presente indicativo.

Singolare
Io faceva, o stava facendo — kan az cebekem
Tu facevi — kan tu cebkei
Quegli faceva — kan av cebket

Plurale
Noi facevamo — kan am cebekem
Voi facevate — kan ungho cebkei
Quelli facevano — kan vvau cebket

Preterito perfetto.

Singolare
Io ho fatto — men cekiria *oppure* cekér
Tu hai fatto — ta cekiria — ceker
Quegli ha fatto — av cekiria — cekér

Plurale
Noi abbiamo fatto — am cekiria *oppure* cekér
Voi avete fatto — ungho cekiria — cekér
Quelli hanno fatto — vvan cekiria — cekér

Preterito più che perfetto.

Anche di questo tempo manca la lingua Kurda, e per esprimerlo si servono i Kurdi della parola kan avanti il pronome, e verbo preterito perfetto.

Singolare
Io aveva fatto — kan men cekiria
Tu avevi fatto — kan tá cekiria
Quegli aveva fatto — kan av cekiria

Plurale
Noi avevamo fatto   kan am cekiria
Voi avevate fatto   kan uugho cekiria
Quelli avevano fatto   kan vvan cekiria

Futuro.

Dei futuri pure li Kurdi sono privi nei verbi attivi; e si servono del presente indicativo, e si conosce o dal senso, o da qualche avverbio, v. g. *Se farò* egher az cebekem, che equivale letteralmente *se faccio*; si comprende però che si parla del futuro.

Imperativo.

Per formare il verbo imperativo è cosa facile, si muta l'ultima sillaba del presente indicativo nella vocale A indeclinabile. *Fa* Cebka, Cetka.

Annotazione. Da questa regola generale di formare l'imperativo colla mutazione dell'ultima sillaba del presente indicativo nella vocale A, si devono eccettuare li verbi, che sono composti d'una sola sillaba, quali per necessità fanno uso dello stesso presente indicativo per imperativo; serva d'esempio il verbo venire. *Io vengo* Azem, e più elegantemente Az b,em, Az t,em. *Tu vieni* Tu b,ei, Tu tei. *Quegli viene* Av b,et, Au tet. Nel plurale però nella terza persona alcune volte mutano l'ultima consonante in N, v. g. *Venghino* T,en, ma solamente nell'imperativo, o in astratto.

Avvertimento. Non si deve confondere con le conjugazioni de' verbi la frase Kurda Vora, Arra. Queste due parole hanno sempre in bocca li Kurdi
ogni

ogni qualvolta che dicono in assoluto ad una persona *Vieni* Vorà. *Va, va via* Arra; solamente però nel positivo; perchè nel negativo si servono del verbo proprio *venire, andare*; onde dicono. *Non vieni* Na ei, *Non va* Na cià.

Soggiuntivo.

Mancano pure li Kurdi del soggiuntivo, a cui suppliscono con li due seguenti avverbi. *Se* Egher, *piacesse a Dio* Kuži; Il primo avverbio serve per il presente, e preterito imperfetto, quali non si distinguono tra loro, e per il preterito perfetto.

Il secondo avverbio serve per il preterito più che perfetto, come si vede in appresso.

Indicativo, e preterito imperfetto.

Singolare
Se io faccio, o facessi   egher az cebekem
Se tu fai, o facesti   egher tu cebkei
Se quegli fa, o facesse   egher av cebket

Plurale
Se noi facciamo, o facessimo   egher am cebehem
Se voi fate, o faceste   egher ungho cebkéi
Se quelli fanno, o facessero   egher vvan cebket

Preterito perfetto.

Singolare
Se io abbia fatto   egher men cekiria
Se tu abbi fatto   egher tâ cekiria
Se quegli abbia fatto   egher av cekiria

Plurale
Se noi abbiamo fatto   egher am cekiria
Se voi abbiate fatto   egher ungho cekiria
Se quelli abbiano fatto   egher vvan cekiria

Preterito più che perfetto.

Singolare
Piacesse a Dio, che io avessi fatto   kvži men cekiria
Piacesse a Dio, che tu avessi fatto   kvži tá cekiria
Piacesse a Dio, che quegli avesse fatto   kvži av cekiria

Plurale
Piacesse a Dio, che noi avessimo fatto   kvzi am cekiria
Piacesse a Dio, che voi aveste fatto   kvzi ungho cekiria
Piacesse a Dio, che quelli avessero fatto kvzi vvan cekiria

Quando il preterito più che perfetto è condizionato fi fervono della parola Araba kan col verbo preterito perfetto, v. g. *Io avrei fatto questo se &c.* kan au men cekiria egher &c. Qui fi deve offervare di paffaggio, che li Kurdi per lo più mettono il foftantivo accufativo avanti il verbo.

Per futuro nel foggiuntivo effendo privi di tal tempo fi fervono del preterito perfetto.

Infinito, e Supino.

Per l'infinito fi ferve la lingua Kurda della terza perfona del preterito perfetto nei verbi femplici, v. g. *Tanto fare* Enda cekiria; e nei verbi compofti può baftare per l'infinito il folo foftantivo, v. g. *Tanto far caccia* Enda nacir, fi tralafcia il kiria; per altro non importa, fe fi diceffe: Enda nacir kiria.

C   Que-

Questa conjugazione deve fervire di regola generale a tutti gli altri verbi riguardo ai tempi, perciò nelle altre conjugazioni paſſo ſotto ſilenzio il modo foſtitutivo alli preteriti imperfetti, e più che perfetti, e foggiuntivi.

Annotazione. Quando queſto verbo ſi vuole farlo negativo, ſi mette la propoſizione negativa Non, che in Kurdo ſi dice Na avanti il Kem dividendo il verbo nella ſeguente maniera. *Io faccio* Az cekem, *io non faccio* az cenakem, *io ho fatto* men cekiria, *io non ho fatto* men cenákiria; e queſta regola ſi deve oſſervare anche quando il verbo è divenuto compoſto; come per eſempio: *Io prego*, in lingua Kurda diceſi: *Io orazione faccio* Az nevéſia tkem, *io non faccio orazione* az nevéſia nákem.

COROLLARIO

In molti verbi l'infinito, o ſia il preterito perfetto diventa, parlando in aſtratto, foſtantivo coll'aggiugnervi dopo il verbo la particola Ina, ſe li verbi finiſcono con la conſonante T, v. g. *Ho veduto*; il vedere ſi dice dit, *veduta*, il vedere ditina, *ho detto* ghot, *il dire* ghotina; ma ſe li verbi finiſcono con la vocale A, ſi leva l'I, v. g. *Ho battuto* Kottá, *il battere* Kottána.

CONJUGAZIONE SECONDA

DE' VERBI ATTIVI.

Li verbi della ſeconda conjugazione non diſtinguono la ſeconda perſona del preſente indicativo della terza, ſe non dal ſolo pronome; e nel preterito

rito perfetto fanno un'alterazione del verbo presente. Sia per esempio il verbo *parlo*.

Indicativo presente.

Singolare
Io parlo   az bahhkavum
Tu parli   Tu bahhkavit
Quegli parla   Av bahhkavit

Plurale
Noi parliamo   am bahhkavum
Voi parlate   ungho bahhkavit
Quelli parlano   vvan bahhkavit

Preterito perfetto.

Singolare
Io ho parlato   men ahhkaft
Tu hai parlato   ta ahhkaft
Quegli ha parlato   av ahhkaft

Plurale
Noi abbiamo parlato   am ahhkaft
Voi avete parlato   vngho ahhkaft
Quelli hanno parlato   vvan ahhkaft

Imperativo.

Parli   Bahhkava

Infinito.

Parlare   Ahhkaft
Parlamento Ahhkaftina

Degli altri tempi mancanti mi rimetto alla regola generale della conjugazione antecedente.

Per farlo negativo. *Io non parlo* Az n'ahhkavum, *Io non ho parlato* men n'ahhkaft.

  Imperativo   *Non parli* N' ahhkava

Annotazione. Tutti li verbi, che hanno l'indicativo presente principiante colla consonante B, quale si mette solamente per eleganza, si deve tale consonante omettere nel tempo preterito perfetto, ed in tutti li tempi del verbo negativo (come si può osservare nel sopradetto verbo). Questa eleganza si mette solamente nel tempo presente indicativo positivo, e nell' imperativo; benchè assolutamente si potrebbe lasciare, e dire Az ahhavum *Tu* Ahhavit, av ahhkavit.

CONJUGAZIONE TERZA DE' VERBI ATTIVI.

Questa conjugazione si distingue dall' antecedente nel preterito perfetto, il quale viene totalmente mutato; sia per esempio il verbo *dico*.

  Indicativo presente.

  Singolare
Io dico   az bezium
Tu dici   tu bezit
Quegli dice   av bezit

  Plurale
Noi diciamo   am bezium
Voi dite   vngho bezit
Quelli dicono   vvan bezit

Preterito perfetto.

Singolare
Io ho detto — men ghot
Tu hai detto — ta ghot
Quegli ha detto — av ghot

Plurale
Noi abbiamo detto — am ghot
Voi avete detto — vngho ghot
Quelli hanno detto — vvan ghot

Imperativo   *Infinito*
Dici Bezia   Dire Ghot *sostantivo* Ghotina

Del restante vedi la regola generale nella prima conjugazione; verbo negativo, *io non dico* az na bezium, *io non ho detto* men na ghot.

Riflessione. Questo verbo mantiene la confonante B anche nel negativo, perchè questa lettera appartiene all'integrale del verbo, e non ad eleganza.

CONJUGAZIONE QUARTA DE' VERBI ATTIVI.

Li verbi della quarta conjugazione mantengono nel preterito perfetto li pronomi del presente indicativo, avendo l'istessa forza il preterito come se fosse un presente passivo. Sia per esempio il verbo vengo.

Indicaivo presente

Singolare
Io vengo — az em   oppure b,em   oppure tem
Tu vieni — Tu ei   b,ei   tei
Quegli viene — av et   b,em   tet

GRAMMATICA

Plurale
Noi veniamo   am em   b,em   tem
Voi venite   vngho   b,ei   tei
Quelli vengono vvan   b,et   tet

Preterito perfetto.

Singolare
Io sono venuto   az atum
Tu sei venuto   tu at
Quegli è venuto   av at

Plurale
Noi siamo venuti   am atum
Voi siete venuti   vngho at
Quelli sono venuti vvan at

Imperativo   Infinito
Vieni B,ei   Venire At sostantivo Atina

Per maggiore intelligenza ho stimato bene di far la conjugazione di questo verbo colla particola negativa.

Presente Indicativo.

Singolare
Io non vengo   az na em
Tu non vieni   tu na ei
Quegli non viene   av na et

Plurale
Noi non veniamo   am na em
Voi non venite   ungho na ei
Quelli non vengono vvan na et

Preterito perfetto.

Singolare
Io non sono venuto   az na atum
Tu non sei venuto   tu na at
Quegli non è venuto   av na at

Plurale
Noi non siamo venuti   am na atum
Voi non siete venuti   vngho na at
Quelli non sono venuti vvan na at

Imperativo   *Infinito*
Non vieni Na ei   *Non venire* Na at
                          (*in astratto*) Na atina

DE' VERBI COMPOSTI.

Questi verbi si compongono da un sostantivo unito ad un verbo, quale comunemente è il verbo *faccio*, perchè essendo la lingua Kurda molto mancante, e ristretta, non ha tanti verbi esprimenti, come gli Arabi, ed Europei, come per esempio in vece de' verbi *pregare*, *ferire*, *lodare &c.* dicono li Kurdi: *Io orazione faccio, io ferita faccio, io lode faccio &c.* Si deve però avvertire, che il sostantivo si mette sempre tra il pronome, ed il verbo. Sia per esempio il verbo *prego*, o sia *orazione faccio*.

C 4   CON-

GRAMMATICA
CONJUGAZIONE DEL VERBO COMPOSTO

Indicativo presente.

Singolare
Io prego   az nevéſia tkem
Tu preghi   tu nevéſia tkei
Quegli prega   av nevéſia tket

Plurale
Noi preghiamo   am nevéſia tkem
Voi pregate   vngho ne éſia tkei
Quelli pregano   vvan nevéſia tket

Preterito perfetto.

Singolare
Io ho pregato   men nevéſia ker, o kiria
Tu hai pregato   ta nevéſia ker
Quegli ha pregato   av nevéſia ker

Plurale
Noi abbiamo pregato   am nevéſia ker
Voi avete pregato   vngho nevéſia ker
Quelli hanno pregato   vvan uevéſia ker

Imperativo   Infinito
Preghi Nevéſia beka   Pregare Nevéſia ker

Negativo. *Io non prego* az nevéſia nákem. *Io non ho pregato* men nevéſia nakér,

Del restante anche nei verbi composti si fa seconda la regola del verbo semplice *Faccio*.

De'

De' Verbi paffivi.

Li verbi paffivi fi diftinguono in due claffi, cioè femplici, e compofti. Il verbo attivo femplice per ridurlo in paffivo è cofa facile. Per l'indicativo prefente paffivo fi prende il preterito perfetto attivo con i pronomi del prefente indicativo; e per fare poi il preterito perfetto paffivo fi aggiunge il verbo foftantivo Bú, cioè *fono ftato*, *fei ftato*, *è ftato &c.* mantenendo però fempre i pronomi del prefente indicativo, e per maggior chiarezza farò una conjugazione d'un verbo attivo femplice, e poi lo ridurrò in paffivo. Sia dunque d'efempio il verbo *battere*.

CONJUGAZIONE DEL VERBO ATTIVO SEMPLICE

Indicativo prefente.
Singolare
Io batto   az kottúm oppure b,kot-
Tu batti   tu kottit   (túm
Quegli batte   av kottit

Plurale
Noi battiamo   am kottúm
Voi battete   vngho kottit
Quelli battono   vván kottit

Preterito perfetto.
Singolare
Io ho battuto   men kottá
Tu hai battuto   tá kottá
Quegli ha battuto   av kottá

Plu-

Plurale

Noi abbiamo battuto	am κottá
Voi avete battuto	vngho κottá
Quelli hanno battuto	vvan κottá

Imperativo **Infinito**
Batti B,κotta   Battere Kottá. Il Battere Kottána

RIDUZIONE DEL VERBO ATTIVO IN PASSIVO.

Indicativo presente

Singolare
Io sono battuto	az κottá
Tu sei battuto	tu κottá
Quegli è battuto	av κottá

Plurale
Noi siamo battuti	am κottá
Voi siete battuti	vngho κottá
Quelli sono battuti	vvan κottá

Preterito perfetto

Singolare
Io sono stato battuto	az κottá bum
Tu sei stato battuto	tu κottá bú
Quegli è stato battuto	av κottá bú

Plurale
Noi siamo stati battuti	am κottá búm
Voi siete stati battuti	vngho κottá bú
Quelli sono stati battuti	vvan κottá bú

Benchè il verbo semplice non abbia il futuro; questo tempo però l'acquista quando diventa passivo in vigore del verbo sostantivo.

Futuro.

Singolare
Io sarò battuto   az debúm κottá
Tu sarai battuto   tu debit κottá
Quegli sarà battuto   av debit κottá

Plurale
Noi saremo battuti   am debúm κottá
Voi sarete battuti   vngho debit κottá
Quelli saranno battuti vvan debit κottá

Imperativo.

Sii battuto Κottá bit, ma meglio si rivolge nel verbo attivo.

Soggiuntivo.

Per li soggiuntivi si deve osservare la regola generale del verbo *Faccio*, eccetto però che hanno anche il futuro come nell'indicativo.

DEL VERBO PASSIVO NEGATIVO.

Indicativo presente.

Singolare
Io non sono battuto   az ná κottá
Tu non sei battuto   tu ná κottá
Quegli non è battuto   av ná κottá

Plu-

44 GRAMMATICA

Plurale
Noi non fiamo battuti   am na ĸottá
Voi non fiete battuti   vngho na ĸottá
Quelli non fono battuti   vván na ĸottá

Preterito perfetto
Singolare
Io non fono ſtato battuto   az ĸottá na búm
Tu non ſei ſtato battuto   tu ĸottá na bú
Quegli non è ſtato battuto   av ĸottá na bú

Plurale
Noi non fiamo ſtati battuti   am ĸottá na búm
Voi non fiete ſtati battuti   vngho ĸottá na bú
Quelli non fono ſtati battuti   vván ĸottá na bú

Annotazione. Queſti verbi ſemplici nella terza perſona paſſiva del ſingolare, ed in tutte tre le perſone del plurale dell'indicativo preſente non ſi diſtinguono dai preteriti perfetti attivi, ſe non ſe dal ſenſo del diſcorſo.

DE' VERBI PASSIVI COMPOSTI.

Li verbi paſſivi compoſti ſi diſtinguono dalli ſemplici, perchè come diſſi di ſopra li verbi compoſti attivi ſono quelli, che hanno un ſoſtantivo ſempre unito al verbo; ma quando ſi fanno paſſivi abbandonano totalmente il verbo *Faccio*, e lo mutano col verbo ſoſtantivo *Sono*, e per eſſere meglio inteſo, farò anche una conjugazione del verbo compoſto attivo, e poi lo ridurrò in paſſivo; ſia dunque d'eſempio il ſeguente verbo *ferire*, che in lingua Kurda ſi dice *ferita fare*.

CON-

KURDA

CONJUGAZIONE DEL VERBO COMPOSTO ATTIVO.

Indicativo presente

Singolare
Io ferisco — az brindár кem oppure b,кém
Tu ferisci — tu brindár b,кei
Quegli ferisce — av brindár b,кet

Plurale
Noi feriamo — am brindár b,кem
Voi ferite — vngho brindár b,кéi
Quelli feriscono — vván brindár b,кét

Preterito perfetto.

Singolare
Io ho ferito — men brindár кer oppure kiría
Tu hai ferito — tá brindár кer
Quegli ha ferito — av brindár кer

Plurale
Noi abbiamo ferito — am brindár кér, o kiría
Voi avete ferito — vngho brindár кer
Quelli hanno ferito — vván brindár кér

Imperativo   *Infinito*

Ferisci Brindár beкa   Ferire Brindár кér

RIDUZIONE DEL VERBO ATTIVO COMPOSTO IN PASSIVO

Indicativo presente

Singolare
Io sono ferito	az brindár
Tu sei ferito	tu brindár
Quegli è ferito	av brindár

Plurale
Noi siamo feriti	am brindár
Voi siete feriti	vngho brindár
Quelli sono feriti	vvan brindár

Annotazione. Il verbo sostantivo *Sono*, come dissi a suo luogo, è mancante del presente indicativo, perciò quando un pronome è unito ad un sostantivo, sempre si deve sottintendere la forza del verbo.

Preterito perfetto

Singolare
Io sono stato ferito	az brindár búm
Tu sei stato ferito	tu brindár bú
Quegli è stato ferito	av brindár bú

Plurale
Noi siamo stati feriti	am brindár búm
Voi siete stati feriti	vngho brindár bú
Quelli sono stati feriti	vvan brindár bú

Del restante si fa secondo la regola del verbo passivo antecedente.

An-

KURDA 47

Annotazione. Nella lingua Kurda vi fono alcuni verbi attivi, che fono privi del paffivo; e bifogna per confeguenza ridurre il difcorfo in attivo, v. g. il verbo amare. *Io fono amato da te*, fi rivolge *Tu mi ami-* Tu me t,véi, *io fono ſtato amato da Giuſeppe* Juſef me t,vía.

COROLLARIO

De' verbi imperſonali.

Biſogna	lazem	(negativo) lazem nína
E' poſſibile	debit	nabit
E' fattibile	cebit, decebit	cenábit
Deve eſſere coſi	devobit	vonábit, au rengh nabit
Vieni	vora	⎫ di queſti due nel nega-
Va	arra	⎬ tivo ſi ſervono del verbo *venire*, *andare*, come ſi è detto di ſopra.

Quando ſi vuol dimoſtrare, che una perſona ha fatto una coſa gradita, degna di lode; come diciamo noi *Bravo* Cebú.

AVVERTIMENTO

Per tutte le conjugazioni.

Quando s' uniſcono due verbi uno nel tempo preſente, o preterito, e l' altro nell' infinito, queſto ſi conjuga come ſe foſſe preſente indicativo; come per eſempio: *io voglio andare* az t,vém b,ciúm; vale a dire: *io voglio vado*. *Tu vuoi andare* Tu t,véi b,cit;

Tu

Tu vuoi vai. *Quegli vuol andare* av t,vér b,cit. *Io ho voluto andare* men t,via b,ciúm ; cioè *ho voluto vado*. *Se avessi voluto andare* egher men t,via b,cium ; *se avessi io voluto vado &c*. Questa regola è necessarissima a sapersi per ben intendere la lingua Kurda, e non confonderfi nel parlare.

Per quanta applicazione abbia io fatto, non mi è riuscito di meglio spiegarmi intorno a quanto appartiene alle declinazioni, e conjugazioni della lingua Kurda; ed avendo anche fatto riflesso, che sarebbe cosa difficile, a chi legge il vocabolario, il ridurre li verbi alle sopradivisate conjugazioni, ho stimato bene di mettere in ogni verbo la prima, e seconda persona del presente indicativo con la prima persona del preterito, v. g. per il verbo *volere*, t,vém, t,véi, t,via, *voglio*, *vuoi*, *ho voluto*, e così non sarà tanto facile a sbagliare, potendosi poi per il rimanente ricorrere alla grammatica.

Devo in ultimo avvertire, che nella lingua Kurda vi sono molte parole, che si scrivono materialmente nell'istesso modo, ed hanno un significato tutto diverso; alcune d'esse si distinguono dal senso del discorso, v.g. scir *latte*, scir *sciabla*, bu *è stato*, bu *per*; alcune altre poi si distinguono nel pronunciarle o con la vocale stretta, oppure larga, come noi vediamo nella nostra lingua Italiana, che la parola *voto* cioè promessa a Dio, non si distingue da *voto* cioè evacuato, se non se dal pronunciarle una coll' o stretto, e l' altra coll' o largo ; così nella lingua Kurda la parola ber significa *pietra*, *pala*, *tapeto*, *portato via*, *vinta una scommessa &c*. la sua differenza si comprende o dal senso del discorso, o dal pronunciare l' *e* largo, oppure stretto ; ed anche dal far risaltare più, o meno la consonante r. Ma questo non si può esprimere, ed imparare, se non in pratica esercitando la lingua.

DEL-

DELLE PROPOSIZIONI, ED AVVERBJ.

Abasso	Nesíf, Ben
Abbastanza	Bess, Bessa
A bella posta	P,kást
A cagione	Katera
Accidentalmente, senza aver data occasione	Ex q̈ö, Tavék allah
Accidentalmente, Impiovisamente	Ḡhaslét
Adesso	Nuk, Veḡháve
Affinchè, o affine	Katera
Ahi	Ahi
Altrimenti, se non	Egher ná
Altrimenti, cioè in altra maniera	Ḡheir rengh
Anche	Am
Ancora	Ehz
Apertamente	Eskara
Appena	Tene
Appresso	Nek
Assai	Ghelak, Káuvi
Avanti	Ber, Ber aika
Benchè	Belà
Bene	Kangia
Brevemente, cioè in una parola, per presto	Jék kabar Zu, beléz
Chiaramente	Kefsa
Certamente	Mălúm, Be sck
Cioè	Iani

D   Come

Come, in qual modo	Ciáva
Come, paragonativo	Sibi, tamét
Comodamente, con facilità	Be zahhmi
Comodamente, cioè far con suo comodo	Ahmda q̈o
Con	Ghel
Così	Enda, Aurengh, Vasána
Così, ottativo	Kv̈zi
Da, o dal, articolo	Ëx
Da, avverbio, cioè appresso	Nek
D'avanti	Ber, Ber aika
Da che	Pasi
Da dietro, per la parte opposta	Pist
Da molto tempo	Ëx zamán, smésia
D'ora innanzi	Ëx era péva, ëx nuk péva
Da poi	Pasi, ex péva
Dentro	zior
Dietro, dopo	Pasi
per parte opposta	Pist
per seguitare uno	Du
Di là	Lerva, au viali
Di quà	Erva
Di quà di là	Erva lerva
per sparso quà in là	Baláva
Di sopra	Ser
Di sotto	Nesif
Dopo	Pasi
Dove	Kiva
Dove è	Kane
Dovunque	Ammo ard

Dun-

KURDA

Dunque (cioè *bisogna*) oppure dicono	Lazem
Se è così bisogna	Egher au rengh lazem
Ecco	A A
E (copula)	U
Finalmente, in fine	Du maia, Pasi
Finalmente (atto di aspettazione) dicono *Ringraziato Iddio*	Scuker qodé, Alahhmd'allah
Fino, sino	Ahhtta
Fin'ora	Ahhtta nuk
Fintanto	Ahhtta
Forse	Belki
Fra	Bein (si pronuncia monosillaba)
Fra, cioè *Mezzano*	Beiná
Fuori	Derva
Guai	Vveh
In	Nex, Dangh
In dietro	Pasi
Infino	Ahhtta
In fretta	Beléz
In giù	Nesif
In là	Orva
più in là	Orvétera
In quà	Erva
più in quà	Ervétera
Insieme	Pequa, Barabar
In vano	Be faida, Batal
In vece	Sciúna
Ivi	Era
Là	Lue

D 2 Li-

GRAMMATICA

Liberamente (cioè) senza dar soggezione	Be kaida
Liberamente, senza rossore	Be sciérma
Ma	Amma
Mai	Ciúgiár
Meno	Kima
Molto	Ghelak
Ne	Na
Necessariamente	Kati lazem
Niente	Ciú nina, Kvt
Non	Na, Nina
O (particola separativa)	Ia
Obi	Ahi
Oibò	Lá lá
Oltre	Sbél, Gheir
Onde	Ex av
Ora, adesso	Nuk, veghàve
Ove	Kiva
Ove, dove (atto di disapprovazione con ammirazione)	Iva Kiva
Ovunque	Ammo ard
Per (nei giuramenti qualche volta si dice)	Bu
	Pv
Per (quando significa cagione)	Katera
Per altro	Laken, Ma
Perchè	Boccia, Boc
Per ora	Nuk, Veghàve

Più

KURDA

Più (quantitativo)	Ehz, Zeida, Peter
Più (paragonativo)	Ter (dopo però all'agettivo formando una parola sola)
Piuttosto (vale a dire) *essere megliore*	Ceter, Quóscter
Poco (quantitativo)	Piciak, Endúska
Poco (cioè) *che manca*	Kíma
Poi	Pasi
Poiché	Pasi ke
Presto	Zú, Beléz
Quà	Era, Venáve
Quale (paragonativo)	Ciáva
Quale (interrogativo)	Ki
Qualunque	Er Kibít (frase Kurda) ognuno che sarà
Quando	Kanghi
Quanto	Cián (monosillaba)
Quantunque	Belá
Quasi, appena	Tene
Qui	Era
Se	Egher
Sempre	Er, Daiman
Senza	Be
Sforzatamente	Koték
Sì (affirmativo)	Aré
(parlando civilmente)	Bellì
Sino	Ahhtta
Sino a quando	Ahhtta kanghí
Solamente	Bes, Tene
Sopra	Ser
Sotto, in fondo per *abasso*	Ben Nesíf
Subito	Zu

D 3

GRAMMATICA

Tale (persona innominata)	Flán
Tale (avverbio)	Sibi, Tamét, Ciáva
Tanto	Enda
Tardi	Drengha
Tra	Bei,n (monosillaba)
Veh	Vveh, vvehi
Volontieri (cioè)	Ex Del
Dal cuore	Ser sereqo sopra la testa stessa (frase Kurda) .

DE' TEMPI

Anno	Sali
Mese	Mah, Aif
Settimana	Ahstie
Giorno	Rvz
Ora	Sāat
Mezz'ora	Nif sāat
Un quarto d'ora	Ciáhréx
Tre quarti d'ora	Séh ciáhréx
Momento	Dakek
Un momento	Iek Dakek

DIVISIONE DEL GIORNO

Aurora	Spéda
Mattina	Sabahh
Mezzo giorno	Ni,vro, I,vro
Vespero	Ivári
Tramontar del Sole	Anghóri
Un'ora di notte	Æsca

Notte

Notte	Sciéf
Mezza notte	Nif sciéf

DEGLI ANNI

Anno bisestile	Sáli Kabísa
Quest' anno	Au sáli
L' anno passato	Par
Due anni sono	Perár
Tre anni sono	Peter perár
Quattro anni sono	Ciáhr sáli bù (cioè) quattro anni sono stati

E così si seguita andar indietro col mettere il numero sempre prima.

L' anno venturo   Sáli k'idí (cioè) anno altro.

E così si seguita negli anni futuri colla numerazione, v. g. *Dopo due anni* Pasi dv sali, *dopo tre anni* pasi séh sali &c.

DEI GIORNI

Oggi	Auro
Jeri	Dui
L' altro jeri	Per
Tre giorni sono	Pétera per
Quattro giorni sono	Ciáhr rvz ber (cioè) quattro giorni avanti

E si seguita a numerare, come dissi degli anni.

Domani	Sobahh
Dopo domani	Dv sobahh
Dopo tre giorni	Seh sobahh
Dopo quattro giorni	Ciáhr sobahh
Dopo cinque giorni	Pasi penč rvz

DELLA SETTIMANA

Li giorni della settimana si cominciano a numerare dal Sabbato, quale è la radice; e li giorni susseguenti si dicono: *primo Sabbato, secondo Sabbato, terzo Sabbato, quarto Sabbato, quinto Sabbato*; Il Venerdì tiene nome proprio.

Sabbato	Sciámbí
Domenica	Iek sciámbí
Lunedì	Du sciámbí
Martedì	Seh sciámbí
Mercoldì	Ciáhr sciámbí
Giovedì	Penc̆ sciámbí
Venerdì	Inni

Quest'ultimo giorno vien considerato dai Maomettani, come dai Cristiani la Domenica, perciò lo domandano anche Gemmá, cioè *Unione*; perchè in tutti li Venerdì a mezzo giorno li Maomettani sono obbligati (purchè non siano legittimamente impediti) ad unirsi insieme a far l'orazione solenne nella Moschea.

MESI DELL'ANNO.

Marzo	Adár
Aprile	Nisán
Maggio	Ghulán
Giugno	Kazirán
Luglio	Tirma
Agosto	Tabák
Settembre	Ilún
Ottobre	Ciria
Novembre	Ciria pasi

KURDA

Decembre	Kanún piciúk
Gennaro	Kanún mazén
Febbraro	Suát

DELLE QUATTRO STAGIONI.

Primavera	Bahr
Estate	Avíni
Autunno	Pais
Inverno	Zeveſtán

QUATTRO ELEMENTI.

Terra	Ard
Aqua	Ave
Aria	Ahuva
Fuoco	Agher, Aghri

DEL CIELO.

Cielo	Aſman
Stella	Stéra
Sole	Ataf
Luna	Aif
Ecliſſe del Sole	Rvz ghairit
della Luna	Aif ghairit

DELLE INTEMPERIE DE' TEMPI.

Caldo	Gherma
Freddo	Sara, Sàrmaia
Nuvolo	Avra
Sereno	Sàii, Safi
Vento	Bah

Turbine	Bah belisκ
Lampi	Bruſi
Tuoni	Denκ a,ura
Pioggia	Barán
Neve	Baſer
Grandine	Terκ

DESCRIZIONE DELLE PARTI DELL' UOMO.

Uomo (in generale)	Meróvi, *per Marito* Mer
Donna	Zen
Figura	Suréta, Sceκel
Volto, *faccia*	Ru
Teſta	Ser, *ſi pronuncia con l' e dolce*
Capelli	Perciá
Peli	Mu
Fronte	Geniκ
Ciglio	Beró
Palpebre	Mezulánκ
Occhio	Cia,v
Pupilla	Bibi
Naſo	Defn
Bocca	Dè,v
Labbra	Le,v
Mento	Arzénκ
Dente	Dedán
Gingive	Pu dedán
Fauci	Afκ, Afκa
Lingua	Azmán
Barba	Re
Baffi	Simbél
Orecchie	Ghoh
Gola	Gherú

Collo

KURDA

Collo	Stó
Braccio	Basĸ
Gomito	Anisĸ
Mano	Deſt
Palmo	Bohſt
Dita	T,pel
Nodi delle dita	Ghre T,pel
Unghia	Néinúĸ
Spalla	Mel
Schiena	Piſt
Mammelle	Ciciéĸ
Petto	Sinĸ
Stomaco	Mãde
Coſta	Parasú
Lombi	Tanéſt
Umbelico	Nafĸa
Ventre	Ziĸ
Pube	Reve
Chiappa	K̄amaĸa
Inguine	Avĸüzin
Ginocchio	Kodĸ
Gamba	Lulia pe, Basĸ pe
Cavicchia del piede	Klil pe, Ghazéĸ
Piedi	Pé
Pelle	Cierma
Statura	Bezn, Bezna

PARTI INTERIORI.

Oſsa	Aſtii
Cervello	Mëzi
Nervo	Péi
Vena	Rē
Arteria	Rē ſpi
Sangue	Kuhhn

Cuore

Cuore	Del
Fegato	Meláκ
Polmone	Meláκ spí
Fiele	Zer,av , Zer,ave
Milza	T̈ahhel
Budelle	Riví
Utero	Male piciúκ
Vesica	Papfκ
Escremento	Ghu
Orina	Miz
Polso	Nafz̈a

CONSANGUINITA'.

Padre	Bab
Padrigno	Zr bab
Avo	Bab pír
Bisavo	Bab, ba pir
Madre	Dáik , Dáiκa
Madrigna	Zen bab
Avola	Da pira
Bisavola	Dáiκa da píra
Figlio	Kvrv
Figlia	Kéccia
Figlj de' figlj	Neví
Fratello	Brá
Sorella	Kusκ
Zio paterno	M̄ãm
Zio materno	K̄ali
Zia paterna	Meta
Zia materna	K̄aléta
Nepoti per parte di fratello	Brá zá

Nepoti per parte di sorella	Kvár zá
Cugini	Bſmán
Cugine	Dotmán
Suocero	Kasú
Suocera	Zen mām, *moglie del zio* (eſpreſſione di riſpetto)
Genero	Zavá
Nuora	Buka

Annotazione. Quelli che ſc no Zii per affinità, non si nominàno Zii, ma *Marito della mia Zia*, *Moglie del mio Zio*, onde il *Marito della Zia paterna* ſi dice Mer meta; ed il *Marito della Zia materna* Mer Kaléta, *Moglie del Zio paterno* Zen mām, *Moglie del Zio materno* Zen Kali.

Cognato marito della ſorella	Mer Kusk
Cognata moglie del fratello	Zen Brá
Cognato fratello del marito	Ti
Cognata ſorella della moglie	Ti

Li Maomettani hanno pluralità di moglie. Queſte ſi domandano tra di loro: Avi, Avála, vále a dire *Compagna*; ma gli eſteri le dimandano prima, o ſeconda moglie del tale, oppure ſe hanno figli, madre del tale.

Marito	Mer
Moglie	Zen

Annotazione. In tutto l'Oriente; quando il marito deve far parola della propria moglie avanti qualche perſona eſtera, ſarebbe gran vergogna a nominarla moglie, o per il nome proprio, e ſi ſervono di queſte fraſi, v. g. ſe ha figlj la nomina *madre del tale*, dicendo il nome del figlio, e ſe non ne ha, la nomina

na *casa mia*; e se parla con un intrinseco amico, la nomina *sorella tua*, e così devono regolarsi le moglj, le quali parlando de' loro mariti, se ha figlj, in luogo di dire *marito*, dice *il padre del tale* (si nomina sempre il primogenito) e se non ha figli, lo nomina *padron di casa*; Ma se poi li conjugati non avessero figliolanza mascolina, non è lecito dire il nome della figlia, al più possono dire *il padre della mia figlia*, *la madre della mia figlia*.

Parentela, discendenza dallo stesso stipite Ugiák
Parentela discendenza di Maometto Serif (oppure) Sáid.
Parentela discendenza di *Principe*, o *Visir* Bex zadá, Ugiák zadá.

CERIMONIE, E SALUTI ALL'USO KURDO.

Alla mattina	Sabahh 'l Ker	*mattina in buon augurio*
Vicino a mezzo giorno	Ni,vro 'l Ker	*mezzo giorno ec.*
Tempo di vespero	Ivári 'l Ker	
Dal tramontar del Sole, sino a quando si va a dormire		
Anghóri bel Ker		

Interrogazione: *Come stai?* Kéifátá ciáva (vale a dire) *la salute tua come?*

Lo Stato tuo? Ahhle tá (s'intende *come è*)

Risposta: *Bene* Kangia; e subito aggiunga: *Tu come* Tu ciáva

Contra risposta: *Grazie a Dio bene* Alahhm d'allah Kangia

Ringraziato Dio, bene Scuker Qodé Kangia

Ben

Ben venuto Kèir atì.

Sopra la mia testa sei venuto Ser sere men at.

Sopra li miei occhj sei venuto Ser ciáve men at.

In queste due ultime frasi si può tralasciare anche il verbo, dicendo solamente: Ser sere men, Ser cláve men.

Quando una persona inferiore vien da qualche viaggio, o da qualche lavoro, la persona di dignità prima di dire *Ben venuto*, dice *Tu stanco, affatigato* Tu sciakiát; a cui risponde *Grazie a Dio bene*, e senza intervallo aggiugne uno delli seguenti augurj.

AUGURJ OBBLIGANTI.

Iddio conduca a buon fine i tuoi affari	Qodé scogholetá rast init
Iddio lasci vivi i tuoi figlj	Qodé b,elit Kvrv tá
Iddio ti conservi da ogni male	Qodé t'avezkét
Iddio sia contento di te	Qodé ex tá razibit
Iddio aggrandisca le tue ricchezze	Qodé Dáuletáta mazen b,két

Questa frase si dice solamente a persone maggiori di dignità.

Io sono vittima tua	Az Korbáne tá
Io sono servo tuo	Az Koláme tá

MODO DI LICENZIARSI.

A piacere tuo Kátera tá. *A piacere vostro* Kátera vngho

Risposta: *La tua andata sia felice* Vaghata tá Kéit

Se quello, che parte ha avuto qualche regalo, o abbia mangiato, o ricevuto qualche favore, dice *Sia fabbricata la casa*, cioè *abbondi di ricchezze* Mali avá.

Quan-

Quando una persona si licenzia dal Principe, o altro personaggio grande, o dice niente facendo solamente l'inclinazione di capo colla mano destra al petto, d'indi sopra la fronte, oppure dice uno, o due augurj.

CERIMONIE DI CONDOGLIANZE

In occasione di qualche morto.

L'uso de'Kurdi, e dei paesi circonvicini è che quando qualcheduno muore, i parenti famigliari di casa per tre giorni non escono fuori per star a ricevere le condoglianze dagli amici, e conoscenti

Vado alle condoglianze B,ciúm Tahhzí.

Appena entrato si dice al principale: *Sia la testa tua salva* Seretà quosca; se sono più persone: *Siano le teste vostre salve* Ser vngho quosca.

A Dio piacendo tu vivi assai in ottima salute Ansciallah tu ghelak quosc bit.

Iddio lasci vivi i tuoi figli Qodé Kvrvtà b,elit.

Se non avessero figliolanza, si fa augurj alla persona più diletta all'addolorato.

Nella partenza licenziandosi: *Sia in misericordia* (s'intende il morto) Rahhmét bit.

Non prenditi fastidio, è volontà di Dio Kamma na elghera Amra Qodé.

Non prenditi fastidio, tutti moriamo nel nostro giorno Kamma na élghera ammo ruzeqo b,merum

Iddio rallegri il tuo cuore Qodé Del tà quosc két.

Risposta: *Iddio non ti faccia gustare tal dolore* Qodé te parisit.

Iddio prolunghi di più la tua vita Qodé zéida (s'intende gli anni) drez ket.

Vivi

KURDA

Vivi mille anni   Ahzàr ſali bit.
Iddio li tuoi affari li conduca in bene   Qodé ſciogho-
letà raſt init.

TERMINI SUPPLICHEVOLI.

Per amor di Dio	Katera Qodé
Per amor del Profeta	Katera Peghamber
Per amor della tua teſta	Katera ſeretà
Per amor della teſta del tuo padre	Katera Ser babetà
Per amor della teſta del tuo figlio	Katera ſer Kvrv tà
Per amor della tua barba	Katera Re età
Per amor ſimpatico a Dio	Aſcka Qodé

Con li Criſtiani ſi aggiunge.

Per amor di Criſto	Katera Iſa
Per amor di Maria	Katera Mariam
Per amor dell'Evangelo	Katera Angil

Con gli Ebrei.

Per amor di Moisè	Katera Muſa
Per amor del vecchio Teſtamento	Katera Torát

Quando uno è auguſtiato, v. g. ſotto le battiture del baſtone.

Pietà, miſericordia, compaſſione	Amàn, Dakil
Dio vieni in ſoccorſo	Avàra Qodé

E   MO-

MODO DI GIURARE.

Iddio	Qodé
Profeta	Peghamber
Maometto	Mahhumet
Alcorano	Mesaf, Koràn
Testa tua	Sere tà
Testa mia	Sere men
Testa del tuo figlio	Ser Kurv tà
Testa del tuo padre	Ser babetà
Testa del mio figlio	Ser Kurv mén
Testa del mio padre	Ser babemen

Li Cristiani aggiungano.

Evangelo	Angil
Gesù Cristo	Isa
Maria	Mariam

Gli Ebrei.

Moisè	Músa
Antico Testamento	Toràt

Tutti li suddetti giuramenti sono in astratto, ma si sottintende la proposizione *Per*

Per Dio	Pv Qodé
Per questo cibo	Pv au ghrari
Per questo pane	Pv au nán

Alcuni si servono anche della più forte espressione Araba: V,allah, B,allah, T,allah *per Dio, in Dio, Dio stesso*.

Per ben intendere le connessioni delle frasi, e per comporre discorsi unendo le parole del Vocabolario

è ne-

KURDA 67

è necessario di ben riflettere, e considerare le annotazioni fatte sotto le declinazioni, e conjugazioni per le vocali, che si devono di tempo in tempo aggiugnere, oppure elidere.

RISTRETTO DELLE COSE PIU' NECESSARIE

Per il viaggio.

La caravana quando parte	Karavàna kanghì tit
E' numerosa	Boſca
Oggi dove arriva	Auro Kiva ghait
Per strada vi è timore	B,rehva tersà aia
Io voglio montar a cavallo	Az t,vém ſuàrbum
Io voglio ſmontar da cavallo	Az t,vém paiàbum
Io voglio camminare a piedi per mio piacere	Az t,vém paià ciúm bu Kéifa qo
Io ſono stanco	Az vaſtà
Io voglio fermarmi, e ſedere un poco	Az t,vém ravàſtum, u derúnum piciak
Io voglio bevere	Az t,vém vakvum
Io voglio dell' acqua	Az t,vém ave
Io ho fame	Az bersia
Io voglio mangiare	Az t,vém bvkúm
Mi vien ſonno	Kahhuna men tet
Io voglio dormire	Az t,vém bénevum
Io voglio alzarmi	Az t,vém de rabum
Io voglio far i miei biſogni vésia (vale a dire). Io voglio mondarmi per l'orazione (fraſe Kurda modeſta)	Az t,vém b,ciúm deſt nevésia
Io voglio orinare	Az t,vém mizum
Io voglio comprare	Az t,vém b,kerum
Pane	Nan
Vino	Méi (monoſillaba)

E 2 *Acqua-*

Acquavita	Arak
Carne	Ghoſt
Formaggio	Panír
Ova	Ek
Butiro	Run
Butiro freſco	Nivísk
Latte	Scir
Puìna	Maſti
Miele	Enghivín
Moſto, Moſtarda	Duſcàf
Peſce	Mazi
Lenticchie	Nisk
Gallo	Dikel
Gallina	Mirisk
Anetra	Vordek
Colombo	Koter
Lepre	Kivrísk
Riſo	Birínč, o Brénč
Farro	Savár
Sale	Kohhe
Frutti	Meva
Uva	Tri
Zibibbo roſſo	Mevis ſor
Zibibbo nero	Mevis reſc
Mandorle	Baif
Peri	Armíx
Mela	Sef
Mel cotógno	Beh
Mel granato	Enâr
Prugne	Ehluciàx
Prugne groſſe	Ehlúx
Fichi	Ezir
Noci	Ghús

Nocciuole	Bendak
Perſici	Kohhk
Melone	Ghvndór
Cocomero cetriolo	Kiàr
Cocomero anguria	Sciúti, Debes
Cipolla	Pivàs
Dattili	Kvrma

Aglio Ssir, vale a dire Sir, ma l'S ſi pronuncia un poco con la lingua tra' denti.

Puìna ſciolta nell'acqua, quale ſi beve per eſtinguere la ſete, e rinfreſcarſi, Dàu (monosillaba)

Torrone, o ſia mangeria dolce conſiſtente compoſta di miele, o zucchero, farina, mandorle, noci, nocciuole, o ſeſamo - Ahhlàu,e.

Pongo fine a queſta Grammatica con piccol Dialogo per formare qualche idea della lingua Kurda.

DISCORSO

TRA DUE SIGNORI MAOMETTANI

Ismaele, e Mustafà

Ism. *Pace a te.*

Must. *A te pace, e misericordia di Dio.*

Ism. *Buon giorno. Come stai?*

Must. *Grazie a Dio bene. Tu come?*

Ism. *Ringrazio Dio.*

Must. *La tua venuta, piacendo a Dio, è in bene.*

Ism. *Piacendo a Dio, in bene. Amico mio caro, io sono venuto da te per una domanda; conosco il tuo buon cuore verso di me; e non posso trovar uno più fedele di te.*

Must. *Volentieri. Per servirti a niente risparmio.*

Ism. *Iddio ti conservi. Non attediati, se ti dirò cosa sopra di me è venuto.*

Must. *Lascia le cerimonie da parte, queste tra noi sono inutili.*

Ism.

AHHKAFTINA

BE'I,N DU AGHA' MUSULMA'N

Ismaèl; u Mustafà.

Ism. Salàm āleik

Must. Aléik salàm, u rahhmét Allah

Ism. Sabahh 'l Ker. Keifàta ciàva.

Must. Alahhmd'allah (oppure Scuker Qodé) Hangia, Tu ciàva

Ism. Scuker Qodé.

Must. Atìna ta, Ansciallah, Kéira.

Ism. Ansciallah Kéira. Iàrimen àziz. Az atum nek ta kater iek pesciàra; niàsum dele tà kangia ghel men; u penavàstum péidakem iek ex tà amíntera.

Must. Ser sere men. Bu Kalmèta ta ciú taksir nakém.

Ism. Qodé t'avéz ket. Te àges naka, egher bu tà bezium cié ser men at,

Must. Taklif b, ela K, nàrek, au, béin ma, batàl.

Ism

Ism. *Ascoltami; ti dico il tutto apertamente: L'anno passato il Principe mi mandò sopra quattro villaggi ad esiggere il danaro; Io non credendo d'essere scoperto, ho preso mille piastre di più per me; un uomo dei villaggi (non so chi sia) diede l'accusa appresso il Principe questo andò subito in collera contro di me, mi ha banaito, dopo aver saccheggiata la mia casa, e prese tutte le pecore, e muli; Ora tu pensi, come sono imbrogliato; desidero, che m'insegni cosa devo fare.*

Must. *Non perditi di coragio. Il rimedio non è difficile. Fa così. Scrivi una lettera al primo Ministro, e con la lettera manda due borse*

Ism Ghoh b, déi bu men. Butà ammo eskara bezium. Par Mir me vererkiria ser ciàhr ghund xater draf bestinum. Men bavérkiria (1) ke kes esciànàbit, men stànd ahzàr krus zéida bu men; Meióvek ghund (nazànum kiia) skajàt da nek Mir. Au ahhzer ex men Kerba (2) vekiria, me derekast, pasi ke talànkiria male men, u stand ammo paz, u ester; Nuk tu feker beka, ciàva az sciàperza, àzkem ke tu nisan déi bu men cié lazem cebekem.

Must. Del Qo Karab naka (3). Alàg avì zahhmét nina. Au rengh cebka. Benévisia iek maktúb bu Malkoi (4), u ghel

---

(1) Men bavérkìria, ke kes esciàrnàbit *Io ho creduto, che alcuno non s'accorgesse*.

(2) Ex men kerba vekìria *Da me ha aperta la collera*.

(3) Del qo Karab naka *Il cuore tuo stesso non guastalo* (frase Kurda).

borse con la promessa, se aggiusterà li tuoi affari, d'altre tre borse; Ma questo non basta, bisogna anche mandare un regalo alla Principessa da pari suo, acciò che parli col Principe, il quale non la lascia mai disgustata.

Ism. Per il Principe qualche cosa vi vorrà?

Must. Certamente. Questo è chiaro.

Ism. Non so cosa darli.

Must. Il primo Ministro ti scriverà ciò, che bisogna.

Ism. Dove troverò tanto danaro?

Must. Tu non sei uomo svelto. Tu non hai mai sentito, come fece il tuo zio dieci anni fa, regolati come lui. Tu prendi danaro in prestito quanto ti bisogna; e poi quando sarai

ghel maktúb vererbeka dv kisa (5), u Krarbeka, egher scioghóletá pek init seh kisa k'idi; amma au bessa nina am lazem vererkei iek diári bu Mira ex rengh aví, kater ghel Mir ahhkavit, ke ciu giàr be del aví naket (6).

Ism. Bu Mir testeki t, vét?

Must. Málúm. Au kefsa.

Ism. Nezànum cié le dém.

Must. Malkoi bu tà benévisit, cié lazem.

Ism. Kiva péidakem enda draf?

Must. Tu Meróvi sciàter nina. Tu ciú giàr ta na biist, ciàva kekiria máme ta da sali ber aika? Cebka sibi aví. Tu déin b, stina ciànt augebit, u pali Kanghi giàre kidi Mir

───────────────

(4) Malkoi *Nome della dignità*.

(5) Du Kisa *Due borse*. Una borsa Turca corrisponde a 250. scudi, ma la Kurda a 375.

(6) Be del aví na ket *Senza il di lei cuore non opera* (frase Kurda).

KURDA

rai entrato di nuovo in grazia del *Principe*, e sarai arrivato a casa, tu hai molti Cristiani tuoi sudditi, che si sono fatti franchi; prendi questa scusa, e mettili in catena (questo lo fanno ogni giorno tutti li Bascià Osmalini) e piglia da loro più di quel che ti bisognò; ogni Cristiano, che si fa franco, si deve considerare nemico delli Maomettani. Cosa vuoi di più facile?

Ism. *Se ti devo dire la verità; mi trovavo tanto imbrogliato nel pensare su questo affare, che di tutto mi era dimenticato.*

Must. *Non affligiti più. Fa quel che ti ho detto, e sta allegro.*

Ism.

Mir del qo (7) cekíriá ghel tà; u ghaestiamal; Tu aia ghelak fallahh (8) raia ta, ke franghi bú; Te au ahhgét bvghra, u vvàn b,déi naf zangír (au erro erro ammo Patscià Romi cekét) u b,stina ex vvàn zéida cié t'augebú. Er fallahh ke debit franghi, lazem asàb ker dusmàn ex Musulmàn. Cié t,vet Sanàitera?

Ism. Egher bu tà ràst bezium; enda az allozi bu (9) ser au scioghol; ke ex ammo men sbirkíria.

Mus. Kamma ehdi na elghera. Cebka cié men ghot bu tà, u kéifa qo ina.

Ism.

---

(7) Del qo cekìria ghel ta *Il suo cuore ha fatto con te* (frase Kurda).

(8) Fallahh. Questo nome propriamente significa *villano*, ma in odio della fede l'hanno specificato per li Cristiani tanto levantini, che europei. *Franchi* con questo nome chiamano li Cristiani Cattolici, inventato dagli Eretici, per metterli in odio appresso li Turchi.

(9) Allozì. Questa parola da se spiega essere imbrogliato, e non saper che cosa fare.

Ism. *Il tuo pensiere mi ba-acquietato; me ne parto da te molto soddisfatto. A piacere tuo.*

Must. *La tua partenza sia in bene.*

Ism. *Iddio conduca i tuoi affari sempre in bene. La tua vita sia di mille anni. Iddio ti dia il paradiso.*

Ism. Fekere tà me tanàkiria; az ex tà biciúm kàuvi razí. Katera ta.

Must. Vaghàra ta k̄eir.

Ism Qodé sciogholetà daiman rast inir. Ahzàr sali bit. Qodé baehsct det bu ta.

VOCABOLARIO

ITALIANO, E KURDO

DEL P. MAURIZIO GARZONI

DELL' ORDINE DE' PREDICATORI
EX-MISSIONARIO APOSTOLICO.

AVVERTIMENTO

Leggitori nel far uſo di queſto Vocabolario devono con diligenza attendere alli accenti tanto in mezzo, come in fine delle parole, ed alli ſegni gutturali, perchè molte parole di diverſo affatto ſignificato non ſi diſtinguono ſe non ſe dái ſopradetti ſegni, v. g. Paià *Dignità*, Paià *Pedone*, G̅hira col G̅h gutturale ſignifica *Zelo*, Ghira non gutturale ſignifica *Circolo*. Per facilitare le conjugazioni principio ſempre li Verbi (eccettuati l'imperſonali) dalla prima perſona dell'indicativo preſente, annettendo anche la ſeconda perſona; ed il preterito perfetto, quale ho ſtimato bene, anzi neceſſario di metterlo, perche è coſa aſſai difficile il poter conoſcere a che conjugazione appartengono li verbi, e le mutazioni, che poſſono fare li verbi nel preterito, come ſi può vedere dalla Grammatica; e per la ſteſſa ragione ad alcuni verbi aggiungo anche la ſola prima perſona del preſente indicativo negativa, potendoſi il lettore imbrogliare, e ſtroppiare li verbi ſenza eſſere inteſo, col non mettere la particola negativa *Non* a ſuo luogo, mentre alcune volte ſi mette avanti al verbo, ed alcune volte s'intramezza al verbo, v g. *Io poſſo* Az pevaſtúm, *Io non poſſo* Az penavaſtúm; coſì sì di molti altri. Delli verbi compoſti principio bensì dalla prima perſona dell' indicativo preſente, ma ometto la ſeconda perſona, ed il preterito, eſſendomi ben ſpiegato nella Grammatica; già tutti li verbi compoſti appartengono o al verbo *Faccio*, o al verbo *Do*. In queſta maniera mi pare di rendere queſto Vocabolario aſſai più intelligibile.

VOCABOLARIO
ITALIANO, E KURDO

A

A Bada - Mezúl. Tenere a bada - Mezúl tkem, occupato faccio.
Abbadare - Kàujàt kem.
Abbagliare, *proprio dei raggi del Sole in 3. persona* - Scià faket, *pret.* Sciàfa kiria.
Abbandonare - Sciàmarìnum, Sciàmarìnit, *pret.* Sciàmerand, *neg.* Na sciàmerìnum, Berdém, Berdei, *pret.* Berdà, *neg.* Bernadem, Elum, Elit, *pres.* Elà.
Abbandonato - Sciàmerànd, Berdà, Elà.
Abbandonato, senza padrone - Be Qodàm. Senza alcuno - Bekés.
Abbassare - Nesmakém.
Abbassato - Nesma kiria.
Abbasso - Nesíf, *per luogo inferiore, relativo ad un altro superiore dello stesso nome* - Zieri.
Abbastanza - Bessa.
Abbattere, Guastare - Karáb kem.
Abbattuto - Karáb kiria.
Abbattuto, *senza allegrezza* - Be kéif.
Abbattuto, *stanco, senza forze* - Be kvét, Vastà, Sciàvàf.
Abbellire, *ornare a perfezione* - Kamelìnum, Kamelìnit, *pret.* Kamelànd.
Abbellire, *far bello* - Tahzakem, Spéiter kem.
Abbellito - Kamelànd, Spéiter kiria, Tahza kiria.
Abbenchè - Belà.
Abbeverare - Ave bedém, Ave b, dei, *pret.* Ave dà, *neg.* Ave nàdèm.

Ab-

Abbeverato - Ave vakoȧr, *cioè*, Acqua ha bevuto.
Abbietto, *senza stima* - Be asȧb.
Abbindolare, *ingannare* - Ahhilȧt kem.
Abbisognare - Lazem, *impersonale*.
Abboccamento, *colloquio* - Ahhkȧftina.
Abboccarsi - Ghel bȧhkavum, Ghel bȧhhkavit, *pret.* Ghel ahhkȧft, Ahhkajat dem, Ahhkajat dei, *pret.* Ahhkajat da.
Abbollire - Batȧl kem.
Abbondantemente - Zéida.
Abbondanza, *gran quantità* - Zaffa. A buon prezzo - Erzȧna.
Abbominabile - Karȧba, Kangia nina.
Abborrire, *non aver piacere, non desiderare* - Agenȧkem, Aznȧkem.
Abborrire, *non volere* - Navém, Navéi, *pret.* Navía.
Abborrito - Agenȧkiria, Aznȧkiria, Navía.
Abbracciare, *prendere* - Bvghrum, Bvghrit, *pret.* Ghett, Gherria.
Abbracciarsi - Deste qo verinum, Deste qo verinit, *pret.* Deste qo verina *frase Kurda*, *l' inviluppo nel proprio braccio*.
Abbreviare - Kurt bekem, Kurt bekei, *pret.* Kurt kiria.
Abbreviato - Kurt kiria.
Abbruciare - Soziúm, Sozít, *pret.* Sot, *neg.* Nasoziúm.
Abbruciarsi - Sotum, Sot, *pret.* Sot bú.
Abbruciato - Sot, Sotía.
Abbrunare - Tarikem.
Abbrunato - Tari bú
Abbrustolare *cosa mangiativa* - Breziúm, *oppure* Bebreziúm, Bebrezit, *pret.* Brazt, *neg.* Nabreziúm.

Ab-

Abbruſtolare, *v.g. un abito quaſi abbruciarlo* - Kamútk kem.
Abbruſtolato, *v.g.* Carne, Brazt.
Abbruſtolato, *v.g. un panno* - Kamútk, kamútk bú.
A bell'agio - Ehdi. ehdi.
A bella poſta - P,kaſt, *per. eſpreſſamente* - Kaſed.
A bene - Kéir, Kéira.
Abile, *intendente* - Fahim. Induſtrioſo - Sciàter, Zirék.
Abile, *che è capace, ſi fa verbo*, poſſo, puoi &c.
Abiſſo, *luogo profondo* - Ge kúra.
Abitare - Derúnum, Derúnit, *pret.* Runeſt, *neg.* Runànum, *præt.* Na runeſt.
Abitazione, Caſa - Mal, Mala.
Abitato, *fabbricato* - Auà.
Abito, *uſanza* - ādét, Reſa.
Abito, *veſti in genere* - Giúl.
Abituarſi - Ukem, Ubum, *neg.* Unàkem, Unàbum.
Abituato - Ubú, ādét aja.
Abolire - Batal kem, *per* Rovinare Karàb kem.
Abortire - Sber ciúm, sber cit, *pret.* sber ció, Kuru avèsium, kuru avèsit, *præt.* Kuru avéſ.
Aborto - Sber ció, Kuru avét.
A briglia ſciolta - Laghàf berdà - Briglia abbandonata.
A buona fede - Del ſafi, cuore pulito.
A buon mercato - Erzàna.
Abuſare, *ſenza coſtume fare* - Be réſa cekem.
Abuſarſi *della bontà di qualcheduno* - Bevakúfa bum, Bevakúfa bit, *præt.* Bevakúfa bu - Diventar ſenza timore.
Abuſo, *uſanza cattiva* - Reſa karàba, Be réſa.
A cagione - Kater.
A canto - Tanéſt.

F   A ca-

A capo all' ingiù - Ser nesif.
A capo all' insù - Ser au ràs.
A capo nudo - Ser kvlla.
A capo salvo - Selem.
A caso, fortuitamente, per se steffo - Ex qo.
A caso, senza riflessione - Be dest.
Accadere, in 3. persona - Debit, pret. Bú, neg. Nàbit, pret. Nabù.
Accadere, cosa è successo ad uno &c. Kaúmi le bit; pret. Kaúmi le bú.
Accampamento - Ordi.
Accampare - Ordi dem, Ordi dei, pret. Ordi dà.
Accarezzare - Lázét kem.
Accecare - Kor kem.
Accelerare - Beléz bekem.
Accendere - Ehlkem.
Accendersi, in 3 persona - Ehlbit, pret. Ehl bú.
Accennare togli occhi - Ciàv, kem, oppure meglio, Ciàve qo benakinum, Ciave qo benakinit, pret. Ciave qo nakànd.
Acceso - Ehl bú.
Accettare - Kabúl kem.
Accettato - Makbúla, Kabúl kiria.
Accetto - Makbúl - Assai amato - Aziz.
Acciaccato - Alledar.
Acciacco - Alléta.
Accialino - Stà.
Accialino da schioppo - Ciàkma.
Acciajo - Pila.
Accidentalmente, vedi A caso.
Accidente, Sincope - Del ghert, cioè, il cuore preso.
Acciò - Kater.
Accoglienza - Teklif, Màriféta.
Accommodare, aggiustare - Cébekem kangia, Dresta kem.

Ac-

Accommodare, *vedi* Impreſtare.
Accommodare *diſcordie* - Pek inum, Pek init, *pret.* Pek inà.
Accomodamento *già fatto* - Pekat.
Accompagnare - Ghel ciúm, Ghel cit, *pret.* Ghel ció - Inſieme vado.
Accompagnarſi, *eſſer compagno* - Avàl debùm, Avàl debìt, *pret.* Avàl bú.
Acconſentire - Kabúl kem.
Accordare, *far contratto* - Bazàr kem.
Accordarſi, *venir ad aggiuſtamento* - Pek inum Pek init, *pret.* Pek inà, *neg.* Pek na inum.
Accordo - Bazàr.
Accorgerſi - Ehhsiàr bum, Ehhsiàr bit, *pret.* Ehhsiàr bù.
Accorto - Ehhsiàra.
Accoſtare - Nezik kem.
Accoſtumare - Ukém, *per Inſegnare, Iſtruire* - Aleminum, àleminit, *pret.* àlemànd.
Accoſtumato - Ubú, Ukirìa, Alemandìa.
Accreſcere - Zéida kem.
Accumulare - Gemmà tkem.
Accuſa - Skajàt.
Accuſa, *lamento* - Ghazénda.
Accuſare - Skajàt dem.
Aceto - Sehk.
Acido - Tursìa.
Acino - Dendék.
Acuto - Tizìa.
Ad affitto - Kérue.
Adagio - Ehdi.
Ad alta voce - Denk sbrì, Sbrì, Pehī.
Adaquare - Ave dém.
Adaquare, *v. g. una camera, per ſcopare* - Reſcia um,

F 2   op-

oppure Berescinum, Berescinir, *pret.* Reseand, *neg.* Na rescinum.

Addattare, *aggiustare una cosa* - Dresta tkem.

Addolcire - Scirina ce kem, Scirinikem.

Addolorare, *abbruciare il cuore (frase Kurda)* Del soziúm, Del sozit, *pret.* Del sot.

Addolorato - Del sotia.

Addormentare, *v.g. Un fanciullo* - Nevinum, Nevinit, *pret.* Nevast.

Addormentarsi - Kahhun, Kavum, Kahhun, Kavit, *pret.* Kahhun Kest, *frase Kurda*, nel sonno casco - Kahhun *si pronuncia monosillaba*.

Addossare - Ser dem, o Serbedem, Serbedei, *prat.* Ser dà.

Addossare, *caricare una soma* - Bar kem.

Addossarsi, *v.g.* Un impegno, o Lavoro - Ser qo élgherum, Ser qo élgherit, *pret.* Ser qo élghert - Sopra se stesso prendere, *frase Kurda*.

Addosso - Ser, *con e largo*.

Adempire, *cioè*, fare - Cekem, Cebekem, Cetkem.

A dentro - Zior.

Adesso - Nuk, Au vakt, Veghave.

Addestrare - Aleminum, aleminit, *pret.* alemand.

Addestrato - Alemand.

A digiuno - Allakerini.

Adirare - Sel kem, kerba lé vekem.

Adirarsi - Kerba vekem, kerba vekei, *pret.* Kerba vekiria, Sel bum, Sel bit.

Adirato, Selbù, Sèl.

Adirato, disgustato - Ziz.

A dispetto ; P,kast.

A dispetto, *per ostinazione* - Rk ka, Rekk.

Adocchiare - Ciàv, aia ser - Li occhi ho sopra - Ciàv dem - L'occhio do.

Ado-

Adolescente - Kuru.
Ad onta, *vedi a dispetto*.
Adorare - Peréſt kem.
A dovere - Zapt.
A due a due - Giót giót.
Adulare - Dràu meta tkem, *cioè*, Bugiardamente lodo. Du rù cekem - Due faccie faccio, *fraſi Kurde*.
Adulterare - Zena tkem, Ghana tkem.
Adulterare, falsificare - Zaghàl tkem.
Adulterio - Zena, Ghana.
Adulto - Ballàk.
Adunanza - Gemmā́.
Adunare - Gemmātkem.
Ad un' ora, ad un tempo - Iek vàkt.
Adusto, abbruciato - Sot, *per natural caldo* - Ghèrma.
Ad uſura - Fàida.
Affaccendarsi - Mezúl kem, Scioghol tkem.
Affamarsi - Bersì bum, Bersi bit.
Affamato - Bersì, Bersìa.
Affannare - A̅geskem. Far uno melanconico - Va̅kma tkem.
Affannarsi - A̅gesbum. Eſſer melanconico per l'afflizione - Va̅kmabum.
Affannato - A̅ges, Va̅kma.
Affanno - A̅gesìa, Derd.
Affare - Scióghol.
Affatigare - Vaſtúm, Vaſtit, *pret.* Vaſtà, Scioghol kem.
Affatigato - Vaſtà, *cioè* ſtanco.
Affatto - Ammo, Tamàm.
Affatturare, Far malìa - Sahhr tkem.
Affermare - Krrarkem.
Affilare - Tizia cekem.

F 3   Affi.

Affiſſo, *attaccato, e ſoſpeſo* - Alavìſë.
Affiſſo, *attaccato, quaſi unito* - Venusciä.
Affittare *ad altri* - Kèrue dem.
Affittare *da altri* - Kèrue ſtìnum, kèrue ſtinit, *præt.* kèrue ſtànd.
Affitto - kèrue.
Affiggere, *moleſtare* - Zahhmèt dem.
Affiggerſi - kama èlghërum, kama èlgherit, *præt.* kama elghèrt, *ſi dice anche con altra fraſe:* Il cuore abbrucia - Del ſozit, *præt* Del ſot.
Afflitto, *penſieroſo* - Vakam. Cuore dolente - Del ſot.
Afflizione, cuore riſtretto - Del zapta, *per* Faſtidio - Dërd.
Affogare - kanakinum, kanakìnit, *præt.* kanakand.
Affumicare, *metter ſopra al fumo* - Ser dukèl dem.
Affumicare, *far fumo* - Dukél cekem.
A fine - Katera.
Agevole - Sanài - Coſa facile. Zahhmet nina, Difficile niènte.
Agevolezza, *facilità* - Sanàia.
Agghiacciare - Gemèt bughrum, Gemèt boghrit, *præt.* Gemèt ghert.
Aggiugnere, *accreſcere* - Zéida kem.
Aggiuſtare *una coſa* - Dreſt tkem, Tamàm cekem.
Aggiuſtare *diſcordie* -- Pek,inum, Pek,ìnit, *pret.* Pek inà - Pekàt.
Aggiuſtato - Pekàt, Dreſt kiria. Aggiuſtato, fatto bello e pulito Kok, pak.
Aggradire - Kabúl kem.
Aggrandire, *ſlargare* - Fràbekem, F à kem.
Aggrandire, *far più grande* - Mazén kem.
Aggravare, *far tirannia* - Žalem kem.
Aggruppare Ghreb dém, Ghreb déi, *præt.* Grebd neg. Ghrebnàdem.

Aguzzare - Tizia kem.
Aguzzo - Tizia.
Agile, *destro* - Ciélék.
Aglio - Sir, *l's un poco con la lingua grossa*.
Agnello - Berk.
Ago *da cucire* - Dersi.
Ago *da basto* - Susìn.
Agosto - Tabāk.
A gran fatiga, a stento - Korék, Bezór.
Agresta - Bessira. Agro, acido - Tursia.
A guisa - Sibi, Tamét.
Agricola - Fallahh, Giótkàr.
Ajo, *Pedagogo* - Dado.
Ajutare - Arì tkem. Dar mano - Deft dem.
Ala - Sciapèr.
Alato - Qodàm sciapèr.
A lato - Tanélt.
Albera, *sorta di pianta* - Spindàr.
Albero - Dar.
Alboretti, *che non crescono più che all'altezza d'un uomo* - Taràsc.
A'bugine *male della cornea dell' occhio* - Avra ciav'.
Albujo - Tarì.
Alcorano - Koràn, Msàf.
Alcuno - Kes. Alcuna cosa - Testekki.
Al ci fuori - Dérva.
Alienare, dissipare - Talàf kem.
Alkexengi, *erba medicinale* - Pakusk.
Alimentare, *dar da mangiare* - Zādi dem.
Alimento - Zādi.
Allacciare, *far i lacci agli uccelli* - Daf kem.
Allargare, *vedi* Aggrandire.
Allattare - Scir dem.
Allegare *in testimonio* - Sciàhd kem.

F 4 Al-

Allegerire - Sevék kem.
Allettare - Keif inum, keif init, *pret.* Kéif ina, *cioè* portar piacere, *neg.* Kéif na inum, Kéif dem - Do piacere.
Allevare, *aver custodia* - Qodà n kem.
All' improviso - Ghaflét.
All' insù - Au ràs.
Allontanare, *mettere una cosa lontana dall' altra* - Dùra dem. Andar lontano. Dura ciúm.
Allora - Au zamàn, Au vakt.
Almeno - Belà tene, benchè solamente.
Altare - Tronus.
Altea, *erba* - Ehru.
Alterare - Zelda kem, *per far* andare in collera, *vedi* Adirare.
Alterigia - Kobria.
Altezza - Belēndaia.
Alto - Belēnda.
Altro - Idi, ledi.
Altrove - Gié k'idi, ard k'idi.
Alume - Sciébba spi.
Alzare - Rakém, Belēnda kem, ālinum, ālinit, *prt.* āland.
Alzarsi - Ràbum, Ràbit, *pret.* Ràbú, *neg:* Ranàbum.
Amabile - Scirina, *cioè*, Dolce, *frase Kurda*.
Amare - Tevém, T,véi, *pret.* T,via, *neg.* Navém, āzkem, āgekem, *neg.* āznàkem, āgenàkem.
Amante, *si rivolge*, che ama.
Amante, *uno che con gran passione ama un' altro* - Asck, Ascàk.
Amato, *questo verbo non ha il passivo, onde bisgna ridurlo all' attivo.*
Amaro - Tāhhla.
Ambasciadore - Elci.

Am

Ambiguo - Ahhìr, Ahhìri.
Ambizioso, *superbo* - Kobria, Ser belênda. Testa alta.
Amicizia - Dostìa.
Amico - Iari, Dost. Amicarsi - Dost bekem, Cekem iàri.
Amido - Nscà.
Ammaccare - Arescinum, Arescinit, *pret.* Arescand.
Ammaccato - Arescànd.
Ammalarsi - Nasakabum, Nasakabit, *pret.* Nasakabu, Na quosc bum &c.
Ammalato - Nasaka, Naquósca.
Amareggiare, *far amaro* - Tāhhla cekem.
Ammassare - Gemniā kem.
Ammazzare - Kvsium, *oppure* Bkvsium, Bkvsit, *pret.* kvst, *neg.* Nakvsium.
Ammirabile - Nader, āgiaib.
Ammogliarsi - Zen inum, Zen init, *pret.* Zen ina, *neg.* Zen na inum.
Ammonire - Vassiét bekem, Vassiét dem.
Amo - Kaléb, Sciuk.
Amore - Mehhbét, Del aia - Aver cuore.
Ampiare - Frà kem. Far più grande - Master kem.
Ampio - Frà - Mazén.
Ampolla - Scùsca.
Anche - Am.
Ancora - Ehz.
Ancudine - Sandàn.
Andare - Ciúm, cit, *pret.* Ciò. Va in astratto, *si dice* Arra, *termine particolare, che non serve ad altro.*
Andare *a cavallo* - Suàr ciúm.
Andare *a chiamare uno* - Ciùm a tàlba.
Andar *a piedi* - Paià ciúm.
Andata - Ciúma. In augurio felice - Vaghàra.

Anci-

Anello *da dita* - Anghuſtir.
Anello *da dita col ſigillo* - Moor.
Anello *da catena* - kaléka.
Anetra - Vverdek.
Angelo - Melàiket.
Angolo *in fuori*, *cioè Cantonata* - Sú.
Angolo *in dentro* - kornét.
Anguria, Cocomero - Sciúti.
Anguſtia - Derd, Zahhmét.
Anguſtiare, *dar faſtidio* - Zahhmét dem, Derd bédém.
Anguſtiato - Del tangha, *cioè* cuore riſtretto. Derd aia - Anguſtia ha.
Anguſtiato, *non ſaper trovar rimedio a qualche coſa* - Tànghàv, *l'v appena ſi fa ſentire*, *quaſi un mezzo* v.
Anima - Ghiàne. (Ruhh - Spirito.)
Animale - Ahhivan.
Animare, *far il cuore forte* - Del kaìm kem
Aniſi - Anisún.
Annegare - Ave kanakinum. Ave kanakinit, *pret.* Ave kanakand.
Annerire - Reſc tkem.
Anno - Sàli.
Annojare - àges kem.
Annunciare, *dar buone nuove* - Mesghìni dem.
Annuncio *buono* - Mesghìni, kabar quóſca.
Ano - Kun.
Anteceſſore - Ber aìka, Ber.
Antecipare - Beraìka cekem, Ber cekem, *per pagamento* - Ber bedém.
Antichriſto - Degiàl.
Antico, *coſa vecchia* - kaúna.

Anti-

Italiano, e Kurdo. 91

Antico, *cioè* nei tempi andati - Zamāne ber, Zamāne kadìm.

Apertamente, senza segretezza - Eskara.

Apertura, *cioè* fissura, *v. g.* d' un trave - kalescia.

Aperto - Vabú.

Appetito - Bersìa.

A pezzo - Parciá. A pezzo a pezzo - Parciá parciá.

A pezzi minuti - Ur ur.

Api - Mesc enghivìn.

A poco a poco - Piciak piciak, *per* Pian piano - Ehdi Ehdi.

Apoplesia - Faleg.

Apostatare - kafer bnm.

Apostata - kafer.

Apostolo - Rasúl.

Appagare - Razikem.

Apparecchio - ahhzer, Tahhdarìk.

Apparecchiara - Tahhdarìk cekem, ahhzerkem.

Apparenza - Diàra.

Apparire - Diàr bum.

Apparso - Diàr bu.

Appena - Tene.

Applaudire. *Vedi* Aggradire *per* Lodare - Meta kem.

Applicare, Metter sopra - Dài, num ser, *pret.* Dainà ser.

Applicarsi, *v. g.* A qualche lavoro per occuparsi - Mezùl kem.

Appoggiare, *vedi* Applicare.

Apprensione - Vvahma.

Apprezzare, far il prezzo - kamel kem.

Apprezzatore - kamàl.

Appropriarsi, prender qualche cosa per se stesso - Bu qo stinum, Bu qo stinit, *pret.* Bu qo stand, *neg.* Bu qo na stinum.

Ap-

Approvare - kabúl kem.
Aprile - Nisàn.
Aprire - Vekkem, *oppure* - Dévekkem, *neg.* Veknà‑kem, Deveknàkem.
Acqua - Ave.
Aquavita - àrak.
Aquadotto fotto terra - Solìna.
Aquadotto, *foſſa che porta l'acqua nei prati, o giardini* - Giò ave.
Aquadotto dei tetti fatto di legno fcavato - Botek.
A quefto modo - Au rengh.
Aquila - Aló.
Aquiftare, guadagnare - Fàidakem.
Aquiftare, comprare un ftabile - Melk kerúm, Melk kerìt, *pret.* Melk kerìa.
Aquifto - Faida, per ftabile - Melk.
Aragno - Peravént. Tela d'aragno - Pendavà.
Arancio - Narang.
Arate - Giót kem.
Arbitrio - kéifa qo, Dele qo, a proprio piacere, a fuo cuore.
Arca - Sandrúk.
Archibuggio - Tefangh.
Archibuggio, colla canna rigata - Tefangh fcesh kana.
Architetto - Oftà takmir, *cioè* Artefice di dilegno.
Arco - kevàna.
Arco baleno - késk u sór, *frafe Kurda*. Verde e roffo.
Ardere - Sozìum, Sozìt, *pret.* Sot.
Ardire, azzardarfi - Tevérum, T,vérit, *pret.* T,véra, *neg* Na t,vérum.
Ardire, diventar coraggiofo - Gioamer bum, Merda bum.
Ardito, coraggiofo - Gioamer, Merda, Mera.

Ar‑

Ardito, senza vergogna - Bevakúfa, Be sciérma.
Ardore - Gherīna, Ghermàia.
Ardore di febre - Ahhrarèt.
Arena - k̄is, k̄isi.
Argentiere - Zerìnghér.
Argento - Zif. Argento purissimo - Zif kurz.
Argento vivo - Zibak.
Argine, Muraglia - Divàr.
Aria - Ahuva.
Arioso, Luogo allegro - Gé qosca.
Armare, far esercito - A̅sker kem, A̅sker cekém.
Armarsi, prender l'armi - Ciék élgherum, Ciék élgherit, *pret* Ciék elghert.
Armi - Ciék (*monosillaba*)
Armata - A̅sker.
Atmellino - kakun.
Armilla, ornamento delle mani delle donne - Bazénk.
Arnese - Avisa.
Arrosto - kebbab.
Arrabbiare - Ahhrkem.
Arrabbiato - Ahhr, Ahhrbú.
Arrendersi - Teslìm kem, *si aggiunge il pronome, v. g.* Mi arrendo - Me teslìm kem, *cioè* Mi consegno.
Arricchire - Dàvlètmendkem.
Arricchirsi - Dàvlétmendbum.
Arrivare - Gheúm, Ghéit, *pret.* Gheéstia, Gheést.
Arrossirsi, vergognarsi - Sciérma kem.
Arrostire - Kebbab kem, kebbab cekem.
Arugine - Ziénk.
Aruginire - Ziénk boghrum, Zienk boghrit, *pret.* Zienk ghert '*l z si pronuncia quasi* sc.
Arsenico, orpimento - Zernìk.
Arsenico bianco - Merghamús.
Arte - Sānat.

Ar-

Artefice - Sānāt kar, Ostà.
Ascendere, in su andare - Au ràs ciùm, Au ràs cit, *pret.* Au ràs ció.
Ascoltare - Ghohebedém, Ghohebedei, *pret.* Ghohebedà, *neg.* Ghonenàdèm, *frase Kurda* - Do orecchia.
Asciugare - Zuà kem.
Asciugatojo da asciugarsi le mani - Makmel, Mahhram.
Asciutto - Zuà.
Asino - Kerro, kerr.
Asina - Mah kerra.
Asma - Tangh nefs.
Aspettare, fermarsi - Ravàstúm, Revàstit, *pret.* Ravàstà, *neg.* Ranavastúm.
Aspettare una persona - Ciàv'aia, *pret.* Ciavebù, *impersonale*, aver occhio.
Aspergere - Rascinum, Berascinum, Berascinit, *pret.* Rascànd, *neg.* Na rasciuum.
Aspergere, spargere di quà, e di là qualche cosa - Balàva kem.
Aspro - Z,ver, Zevra.
Assai - Ghelak.
Assaggiare - Tām kem.
Assaltare una fortezza - Ehhreskem.
Assalto - Ehhres.
Assassinare - Gellàli cekem, *per* Saccheggiare - Talàn kem. Lasciar nudo - Ruskem.
Assassino - Gellàli.
Asse, tavola - Dep.
Assediare - Ahhsàr kem, Ahhsàra dem.
Assedio - Ahhsàra, Ahhsàr.
Assegnare *all'uso de' Turchi il vitto ad uno* - Tāindem.
Assemblea, Luogo di udienza - Divàn.

As-

Assemblea, Unione di gente - Gemmā.
Assenzio, *erba*, Megéver.
Assenzio *pontico* - Ghiàbend.
Assetato - Tehni.
Assicurare, far sicurtà - kafil kem.
Assicuratore - kafil.
Assiduo, ozioso niente - Batàl nìna.
Assieme - Pekua.
Associato - Avàl, Sciàrik.
Assolvere, perdonare, non pretender altro - Boorum, Boorit, *pret.* Boor, *neg.* Naboorum.
Assolvere dai peccati - Ahhlul kem.
Assoluzione, *in confessione de' Cristiani* - Ahhlul.
Assomigliare, *questo verbo non l' hannoi i Kurdi, ma dicono per esempio:* Questo è come quello &c. au sibi avì.
Assuefare, ammaestrare - Tālùm dem, Niscàn dem.
Assuefarsi - Ubú, Resa boghrum, Resa boghrit, *pret.* Resa ghert - Usanza prendo - Avèzbum, Ukem &c.
Asta, Lancia - Rvhm, Rhm.
Astenere, non permettere - Na elum, Na elit, *pret.* Na elà.
Astenersi, mortificarsi - Parìs kem.
Astenersi, non metter le mani sopra - Dest nàkem.
Astinente, mortificato, che mangia poco - Zahat, kìm koárina - poco mangiare.
Astinenza - Parìs.
Astrologia - Màrifét nagiúm.
Attaccare, unire insieme - Pèkua ven úscium - Pékua vènuscìt, *pret.* Pékua venùscià.
Attaccare *una cosa in alto pendente* - Alavìsa dem.
Attaccarsi, battersi - Sciér kem.
Attaccaticcio, *v.g. pece &c.* Nuscekka.

At-

Attaccato infieme - Venuſcia, Pékua. attaccato in alto - Alaviſa.
Attediare - āges kem.
Attediato - āges.
Attedio - āgesìa.
Aattendere, *vedi* Aſpettare.
Attendere, ſtar attento Ehhsiàr bum, *pret.* Ehhſiár bu.
Attenzione - Kaújàt, Ehhsiàra
A traverſo, *parlando dalle ſtrade di collina, o montagne in obbliquo* - Berovàri.
A traverſo, da una parte all' altra - Ehr dù kenàr.
Ava -- Dapìra.
Avanti -- Ber, Ber aìka.
Avaro -- kaſsìs.
Avere -- Aia, *pret.* Bû, *vedi la Grammatica.*
Augurare, precar del bene - Duā tkem.
Augurio - Duā. Precazione. Niſcàn ſegno.
Avido, appetibile, deſideroſo - Tammā, Tammākar.
Avo - Bapìr
Avorio. Dedan fili.
Aurora. Speda.
Autunno. Pais.
Avvanzare, eſſere di più -- Zeidakem.
Avvanzare, andar avanti - Ber ciùm, Ber cit, *pret.* Ber ciò.
Avvanzo -- Zèida, Zeidaia.
Avvelenare -- Ziehr dem, *il zi ſi pronencia quaſi* zsc.
Avvenente -- Quóſcquók.
Avvicinare -- Nezìk kem.
Avviſare, ammonire - Vaſsiét kem - Vaſsiét dem.
Avviſare, dar parola - kabar dem, Bezium, Bezit, *pret.* Ghot.
Avvoltojo - kvhhrta.
Azimo - Beavìr tursia - ſenza fermento.
Azzardarſi - T,vérum, T,vérit, *pret.* Tvéra.
Azzardo - Bakte qo. Tala qo - La propria fortuna.

Az-

Italiano, e Latino.

Azzuffarsi, battersi insieme - Lek ledem.
Azzuffarsi, far battaglia - Sciér kem.

B

Bacca — Tove, *cioè semenza*.
Baciare - Macìp kem. Baciare, e ribaciare - Ramúsium, Ra musìt, *pret.* Ramusià.
Baccic - Macìp.
Bacile - Sanìi.
Badare, *vedi* Abbadare.
Baglia - Dàin, *quasi monosillaba*.
Bagnare - Tèr kem.
Bagnare, dar aqua — Ave dem.
Bagnare, mettere in infusione - Namànum, Namànit, *pret.* Namànd, Namàndia.
Bagnarsi dalla pioggia - Terbum, Terbit, *pret.* Tér bu.
Bagno - Ahhmàm.
Balbutire, lingua balbuziente parlo - Azmàn fssa Bàhh kovum.
Balbuziente - Azmàn fssa.
Balena - Ahhut.
Baleno - Brúsi.
Balenare del cielo - Brùsi tet, *pret.* Brusi at.
Ballare - Rakasìnum, Rakasìnit, *pret.* Rakasànd.
Ballo - Rakàs. Ballo che fanno molte persone dello stesso sesso insieme attaccati uno coll'altro con le mani Ghovend - Ballo che fanno gli eretici o sopra le chiese, o nel cortile d'esse in tempo di gran solennità promiscuamente uomini, e donne - Scianàder.
Balsamo — Belesàn.
Bambina - keccia piciuk - figlia piccola.
Bambino - kuru piciuk - figlio piccolo.

G

Ban-

Banchiere - Saràf.
Bandire - Derékavum. Derékavit, *pret.* Dere keſt, Sorghon kem.
Bandito - Dere keſt - Sorghon kiria.
Banditore - Dellàl.
Barba - Rè.
Barbiere - Ser tràſc, ahhlàk.
Barca - Ghamìe, Sfini - Barca *ſoſtenuta da otri gonfi* kalek, *quando è aſſai piccola* ahhbra.
Bardana, *erba* - Tāhhlaghez.
Barigello - Agha zangìr.
Barigello ſopra la politica nei mercati - Su bascì.
Bara, Feretro - Tabút.
Baſilico, *erba* - Riahn.
Baſsà, *dignità turca* - Patſcià, Paſcià.
Baſsà di tre code - Vizìr, Paſcià ſeh tuk.
Baſsà di due code - Paſcià du tuk.
Baſso - Neſma.
Baſtardo - Bizi. kuru zena - figlio di fornicazione.
Baſtare, *ſi fa avverbio* - Beſſa, *per pret. si aggiunge il verbo ſoſtantivo* - Beſſa bù.
Baſtione - Sura, Beden.
Baſto - kurtàn.
Baſtonare - Dar kottúm, Dar kottit, *pret.* Dar kottà.
Baſtone - Dar. Baſtone groſſo - Déghanek.
Baſtone rivoltato dove s'appoggia la mano - kopal.
Battaglia - Gènk, Scièr, Scierra.
Battere - kottúm, *oppure* Bókottum, Bókottit, *pret.* kottà, *neg.* Nakottúm.
Battere *con pugni, o ſchiaffi &c.* Lebdem, Lebdei, *pret.* Lebdà, *neg.* Lebnadem.
Batterſi, far battaglia - Génk tkem, Scièr kem.
Battesimo - Ahhmudie.
Battezzare - Ahhmud kem.

Bat-

Batticuore – Del kottà.
Battitura – kottà, kottàna.
Bava – Ghliz.
Beato, uomo di Dio – Meróvi Qode, Toba.
Becco, caprone – Nerì.
Becco d'uccello – Nekel.
Beffa, strapazzo – Dufciúm.
Beffare, ingiuriare – Dufciúm dem.
Bello, Spéi, Taza.
Bello, *v. g.* un giovine, o donna – Quófequok, Giován.
Benchè – Belà.
Bendare, legare – Sciddìnum, *oppure* Befciddinum, Befciddìnit, *pret.* Sceddànd, sceddàndia.
Bendato – Sceddandia.
Bene – kangìa, Ciàka.
Benedetto – Ambàrak.
Benedire – Ambàrak kem.
Benedizione – Ambaraket.
Benefattore – Qodàm keiràt, *per uomo che fa ospitalità a tutti.* Nandàr.
Beneficare, far bene ad uno – kangìa kem.
Beneficio – Kangìa, Kéiràt.
Benfatto – kangìa, Ciàka.
Beretta rossa di Turco – kolàf.
Berettino bianco – kolàf fpi.
Bestemia – kafar.
Bestemiaré – Kafar Kem.
Bestia – Ahhjvàn.
Beverare, *vedi* Abbeverare.
Bevere – Vakoum, Vakoi, Vakoot, *pret.* Vakoar *neg.* Vanakoum.
Biacca – Spiàf.

G 2   Bia.

Biada - Giehi, *per la quantità che si dà ai cavalli alla sera* - Alìka.
Bianco - Spì.
Biasimare, *non piacere* - Aznàkem, *oppure si fa avverbio*, Contento niente - Razì nìna.
Biasimevole karàba, kangia nina.
Biblia, antico Test. - Toràt. Nuovo Test. - Angil.
Bicchiere di cristallo - Belur.
Bietola, *erba* - Sélk.
Bietola rossa - Sciélem turfia, scielem.
Bilancia - Tarazù, Mizén.
Bilanciare - Tarazu kescium, *oppure* Bekescium, Tarazù bekéscit, *pret*. Tarazu kescà.
Bile - Safra, *per* Collera - kerba.
Bilioso - Safràuvi, *per* collerico - kerbìna, tabiàt gherma.
Biondo - Mù zer - peli gialli.
Birbante - kabìt, Menàfak, Enghiddi babo.
Bisaccia - kurg, Tambelìt. Bisaccia da grano - Giòri.
Bisacciette, *che si mettono dietro alla sella del cavallo* - Pasigìn.
Biscia, Serpente - Mar.
Biscotto - Baksam.
Bisognare - Augébum, augébit, *pret*. Augébù, *oppure* Lazem, *impersonale*.
Bisognoso - Augè, *per* Povero - Fakir, Sergherdàn, kalandér.
Bitume, *materia oleosa combustibile* - Nafta.
Bivio - Du réh.
Bizzarro, collerico - kerbìna, Duzuàr.
Bocca - Dév'.
Boccia, bottoni di fiori d'aprirsi - Bskòse.
Boccone - Parì.

Bo-

Boja - Gellàt.
Bollette, chiodi piccoli - Bsinàr piciùk.
Bolla - Firmàn. Bolla Pontificia - Firmàne Papa.
Bollare, figillare, Moorkem.
Bollato - Moor kiria.
Bollire - kalìnum, kalìnit, *pret.* kaland.
Bollito, *adjettt.* kalià.
Bollito, *soft.* làkni.
Bomba - kvmbara.
Bombace - Pambú.
Bombardare - kvmbara avésium, kvmbara avésit, *pret.* kvmbara avét.
Borace, minerale - Borak.
Boragine, *erba* - azmàne ghà.
Borbottare, parlare da se stesso - bu qo bàhhkovum, bu qo bàhhkovit, *pret.* bu qo Ahhkaft.
Borsa - kìs, kìsa.
Boschetto d' alberi piccoli infruttuosi - Taràsc.
Bosco - Orman.
Boscoso, luogo pieno di piante - Rel.
Bottega - Dekàn.
Bottina, *arbore fruttifero* - kazuvàn. Sua gomma - Benìst kazuvàn.
Bottino, saccheggio - Talàn.
Bottonare - Bskósckem.
Bottone - Bskósc.
Bovaro - Ghavàn.
Bove - Gha, Ghai.
Braccio, Bask.
Braccio, misura - Ghez, *quasi* Ghes.
Braghiere - Ahhfàd.
Bragia di fuoco - Pel.

G 3   Bra-

Bramare - Azkem.
Bravare, andar in collera - kerba vekem, oppure Dè-vekem, kerba dévekei, pret. kerba vekiria.
Bravare, intimare di battere - Ghéflekém.
Bravo, abile - Sciàter, Gioamer. Bravo termine di applauso - Cebù.
Brevemente - Zu, Beléz; iek kabar in una parola.
Briglia - Laghàf.
Brio - kèif.
Brodo - Ave ghoſt - acqua di carne.
Bronzo - Mſrak, Piringiok.
Bruffolo - Zerpék.
Bruno, color oſcuro - Rengh tarì.
Bruſco, sapore che tira all'acido - Mz.
Bruſco, naturale rigido - Duzuàr.
Brutale, cuore di beſtia - Del Ahhivàn.
Brutto - kreta, Sahra.
Bubbone - kvl, kvla.
Bucate - kúnkem.
Bucare col trapano - Béſonum, Béſonit, pret. Sontìa, Sont.
Buco - kun.
Budella - Ruyì.
Buffala - Ghaméſc.
Buffare - Pf, kem, Puf, kem.
Buffetto - Monfak.
Buffo - Pf, Púf.
Buffone - Jarìkar, kaſmérci.
Bugia - Dràu, (monoſillaba).
Bugiardo - Dravìn.
Bujo - Tarì.
Bontà - kangìa.
Buono - kangìa, buono al guſto - Quoſca.
Buon prò - Piroſit, Piróſbit, augurio di proſpero uſo delle coſe di nuovo avvenute.

Buon

Italiano, e Kurdo.

Buon prò, *cerimonia dopo che si è mangiato, o bevuto* - Afiet bit, Saahht bit.
Burrasca di mare - Furtuna.
Burla - Iarìie, kasmerìi.
Burlare - Jariit kem, kasmèr kem.
Busca, paglietta - z'lkàie.
Bussare - kottum, kottìt, *pret* kottà.
Busso *pianta* - Miték.
Bussola di mare - koblanàma.
Busto di ferro da soldato - Zerìk.
Buttare, gettare - Bavésium, Bavesit, *pret*. Avét, *neg*. Naavesium.
Buttare quà e là - Balàvakem.
Butiro - Run.
Butiro fresco - Nivìsk.

C

Cabala - Ramel.
Cacca - Ghú.
Cacare - Brúm, Brit, *pret*. Rit, *ma parlando con civiltà, la frase più usata è il dire*: Vado a purificarmi, *perchè i Turchi dopo aver fatto i loro bisogni, devono lavarsi le parti per poter fare orazione, onde dicono*: Ciùm dest nevésia, Cìt dest nevésia, *pret*. Ciò dest nevésia, *quando è nell'atto si dice*: Dest nevésia aia.
Cacarella, aver la cacarella, *dicono* il ventre va - zik cìt, *pret*. Zik ció.
Cacatojo - Cesma.
Caccia - Nacìr.
Cacciare, far la caccia - Nacìr kem.
Cacciare, espellere - Derébekem, Derébekei, *pret*. Dérekest, *neg*. Dere nà kem.
Cadavero - Lesc. Uomo morto - Merìa.
Cadavero d'animali - kalésc. Quando puzza - Lesc ghenì.

Cadere - kavúm, *oppure* Dékavum, Dékavit, *pret.* keſt, *neg.* Nàkavum.

Caduta - keſtia.

Caffè - kahhve.

Caffettiera - Masìnk kahhve.

Cagionare - Sebéb búm, sebeb bìt, *pret.* sebéb bû.

Cagionare diſcordie - Pezavéngh, *oppure* Fetnakar, *ſi aggiugne il verbo ſoſtantivo nel pret.*

Cagione, occaſione - Sebéb.

Cagione, cauſa di male - Benáſe, *e per farlo verbo ſi mette il verbo ſoſt. nel pret.*

Calare, diſcendere, venir abbaſſo - Nesìf beèm, *oppure* Tem, Nesìf beéi, *pret.* Nesìf atum, *nelle altre perſone* At., *oppure* Tém a kuár, Tèi a kuàr, *pret.* Atum a kuár.

Calare, deporre abaſſo - Dai,num a kvár, Dai,nit a kuar, *pret.* Dai,nà a kuár.

Calamajo - Devéd.

Calamita, *pietra attraente il ferro* - Máknatis.

Calamità, careſtia - Ghrania. Povertà - Fókara.

Calata - Nesìf.

Calca, moltitudine di popolo - Ghelak meróvi - Aſſai uomini.

Calca, rumore di popolo - Arbeda, kalabála.

Calcare - Ghavéſcium, Ghavéſcit, *pret.* Ghaváſct.

Calcare co' piedi - Pé ghavéſcium. Colle mani - Deſt ghavéſcium.

Calcato - Ghaváſct.

Calcina - Ksel.

Calcio - Pen.

Calcitrare, tirar calci - Pé avéſium, Pé avéſit, *pret.* Pé avét.

Caldaja - Kazán.

Caldarone - Mangèl.

Cal-

Italiano, e Kurdo.

Caldo - Gherma.
Calice - Kas.
Caligine, nebbia - Mes.
Caligine degli occhi - Avra ciáve.
Callo nei piedi - Bsmar.
Calpestare, *vedi* Calcare co' piedi, *oppure* Pe dèm ser, *pret.* Pe dá ser - do il piede sopra.
Calunnia - Istra.
Calunniare - Istra dem, Istra kem.
Calunniatore - Istra kár.
Calzetta *fino sopra la cavicchia de' piedi* - Ghora.
Calzoni *di scarlatto, o altro di color rosso* - Tumàn.
Calzoni *di panno di altro colore* - Sciáruál.
Calzoni *di stoffa di peli di capra all' uso Kurdo* - Pesma.
Calzoni *bianchi, o siano mutande* - Derpé.
Calzoni *da donna* - Avál kras.
Cambiare - Ghodrum, Ghoórit, *pret.* Ghoóst.
Camelo - Escter.
Camera - Manzéla, Kani. Camerone d'udienza - Divàn.
Camerino *d' udienza privata coll' intermezzo di tavole di legno* - Taná, Tanái.
Camminare, andar presto - Zu beciùm, zu b,cìt, *pret.* zu ció, *per semplice andare*, ciúm cit &c. *quando si dice ad uno in astratto* - Cammina, và, *dicono* - Arra.
Camminare, far la sua strada - Réhva, *oppure* Bréhva ciúm, Bréhva cit, *pret.* Bréhva ciò.
Cammino, Strada - Réh.
Cammino *da fuoco* - P,kéri, Kyciék.
Camicia - Krási.
Camomilla *erba* - Babuná.
Campagna, *cioè* Pianura - Dest, Ciól, *per* Deserto - Barìe, Ciól.
Campana - Nakvs.

Cam-

Campanello, *che si attacca al collo degli animali* - Zanghél.
Canale *d' acqua nei seminati* - Gió ave.
Canale *di legno per i tetti* - Botek.
Canale *coperto di pietra* - Noìn, Noìna.
Canale *fatto con vasi di terra, o di piombo* - Solina.
Cancellare - Beasciáfům, Beasciafìt, *pret.* Beasciáfa.
Cancro *male* - Giusan.
Candela - Scamã.
Candeliere - Scamãdán.
Candido - Spì.
Cane -- Sah.
Cane *da caccia* - Tulà.
Cane *da lepre* - Tazì.
Cane *di razza assai piccola* - Finók.
Cane *da pastore* - Ghambùl.
Cane *selvatico* - Turì.
Cane, *e stirpe di cane, si dice per ingiuria* - Sah en pissi fäh.
Canella - Darcini.
Canestro *col manico* - Salék.
Canestro *grande da soma* - Savì.
Canestro *grande per custodire il pane* - Nandán.
Canicola, *per questo termine intendono 40. giorni d'estate principiando dal solstizio, e dicono* - Cehla avìni, *e li 40. giorni dal solstizio dell' inverno* - Cehla zevestan.
Canna - Laven.
Canna *da schioppo* - Lulia.
Canna *da schioppo rigata* - Scéscкána.
Canna *della pippa* - Bask kaliún.
Cannetta, *o sia bocchino della pippa* - Modink.
Cannocchiale - Durbìn.
Cannone, *istromento da guerra* - Top.
Canone - Kanún.

Can-

Italiano, e Kurdo.

Cantare *canzoni* - Stråna bezium, Stråna bezìt, *pret.* Stråna ghot, *neg.* Strana na bezium.
Cantare *de' piangenti sopra i sepolcri* - Zemàr kem.
Cantare *de' Turchi sopra le torri delle moschee in segno del tempo di far orazione* - Bångh dem.
Cantare *degli uccelli* - Tokoìnit, *pret.* Koénd, Koéndia.
Cantina, *casa sotto terra* - Saldàb.
Cantonata - Sú.
Cantonata, *angolo di dentro* - Kornét, kusì.
Canuto - Re spi, *barba bianca*.
Canzone - Stråna.
Canzone *spirituale* - Temgìd.
Capace, intelligente - Fahìm.
Capace, abile - Zirek, sciater.
Capacitare - Fahem bekem.
Capanna *di frasche* - Kepra.
Caparra - Rahan.
Cappari - Kaber.
Capelli - Percia.
Capestro - *corda* - Varìs.
Capire - Fahem kem.
Capitano *d' armata* - Ser àskér.
Capitano, *o sia capo di caravana* - Karavàn Basci.
Capitello *di legno* - Gholtà.
Capitolazione, *contratto* - Bazàr.
Capo - Ser *con l' e stretto*.
Capra - Bzn. Capra *selvatica*, Paz kùl.
Capretto - Karek.
Caprone - Nerì.
Capriccioso, *ostinato* - Ainàtkar.
Caravana, *unione de' viandanti* - Karavàn.
Carattere - Kat, ahhrf.
Carbone - Resciú.
Carbone *acceso* - Pel.

Car-

Carcerare, prendere - Boghrum, soghrit, *pret.* Ghert, Ghertìa.
Carcerare *in catena* - Zangir kem, Dem naf zangir - Dò in mezzo alle catene.
Carcerare *coi ceppi* - Kaida kem.
Carcerato - Ghertìa.
Carcere - Ahhbs.
Cardellino, *uccello*, Zanghlŭk.
Carestia - Ghráni, Bersìa (*fame*).
Carica *dignità* - Paia, Márteba.
Carica *soma* - Bar.
Caricare - Bar kem.
Carità, elemosina - Sádaka, kéirát.
Caritatevole - Qodám kéira.
Carnale *libidinoso* - Zenakár, Iz.
Carne! - Ghoſt.
Carnefice - Gellát.
Carnovale *de' Criſtiani* - Marsúma.
Caro - Aziz.
Caro *di prezzo* - Ghrana.
Carogna - Kalèſc ghenì.
Carta - Kaghéz.
Caſa - Mal, Kani.
Caſſa - Sanduk.
Caſſetta, *o* ſcatola - Ælbek.
Caſsare, *vedi* Cancellare.
Caſsare *da un poſto* - Măzùl kem.
Caſsia *medicina* - Kiárciánber.
Caſtagna - Sciáh balót.
Caſtello - Kalã.
Caſtigare - Ohhkmakem.
Castigo *dato da Dio* - Ghazáb, Ghazába.
Casto - Affif.

Ca-

Italiano, e Kurdo.

Castrare - Jákta kem, *oppure* Kassìnum, kassìnit, *pret.* Kafsand.
Castrato - Jákta, kafsándia.
Cataletto - Tabút.
Catalogo - Deftar.
Catapuccia *erba* - Ghenakerciek.
Catarro - Balgham.
Catena - Zangìr.
Catino - Laghén.
Cattività *di guerra* - Jasìr, Jaksìr.
Cattività, *persona venduta* - Benì.
Cattivo, reprobo - Jaramáz, Karába.
Cavalcante - Suár. Cavalcante del principe, cavallarizzo - Mir ahhkur.
Cavalcare - Suárbum, suárbit, *puet.* suárbu.
Cavalcare, *ajutare a montar a cavallo* - Suár kem.
Cavalla - Majìna.
Cavallo *da sella* - Asp. Cavallo *difettoso, che non vuole andare avanti* - Gha ghré.
Cavallo *da soma* - Barghlì.
Cavallo *da razza* - Fāl.
Cavallo *castrato* - Jákta.
Cavallette *animali nocevoli* - Kuhhlì.
Cavare fuori - Inum derva, init derva, *pret.* Inā derva.
Cavar sangue - Kuhhn ber dèm.
Caverna - Skéfta.
Cavezza - Afsár.
Cavicchia *del piede* - Ghazék, Klìl pé.
Cavicchio - Sénk.
Cavoli fiori - Kárnabit.
Cavolo - Kalam.
Causa, *vedi* Cagione.
Causare, *vedi* Cagionare.

Cau-

Cauterio - Dák.
Cauto - Ehhsiàra, Tebdìr kangia - Regolamento buono -
Cazzuolo - Efciú.
Cece, *legume*, Nók.
Ceco - Kór.
Cedere, lafciare - Elum, Elit, *pret.* Elá; *neg.* Na elum.
Cedro - Torunc̄.
Cembalo - Santúr.
Cena - Sìf.
Cenare - Sìf bokoum, sìf bokoi, sìf bokot; *pret.* sìf koár, *neg.* sìf nákoum.
Cenere - Koli.
Cenno - Nifcán.
Cento - Sad.
Ceppo *catena de' piedi* - Káida.
Cera - Sciámā.
Cerafa - Keras, *forte acida* - Ghelàs.
Cercare, *informarfi* - Pefciar kem.
Cercare *una cofa perduta* - Légherum, légherit, *pret.* Legheriá, *neg.* Lénagherum.
Cerchio - Dáira, Ghira.
Ceremonia - Teklif.
Ceremoniofo - Qòdám teklif, Qòdam māriféta.
Cerino - Fundek.
Ceroto - Táliùn.
Certamente ⎫
Certo ⎭ Malúm, Bellì, Be sckv̀
Cervello - Mezì, *per intelletto* - Faehm.
Cervo, Sever.
Ceruleo - Scìn.
Ceffate - Batál kem.
Cesta - Savì, Selli.
Cetriolo, cocomero - Kiár.

Che

Italiano, e Kurdo.

Che -- Ke.
Che danno! *espressione quando muore una persona di merito, o si rompe qualche bel vaso* - Mokáben.
Chi -- Ki.
Chi è - Kiìa. *Li Jazidj nei viaggi vedendo uno da lontano dicono* -- Lò lò.
Chiamare - Ghazì kem.
Chiaramente, *cosa manifesta* - Kefsa.
Chiaro, *v. g.* Aqua, Safi.
Chiaro *che si fa ben intendere* - Fassiehh.
Chiaro, *cielo sereno* - Sāuvi, Sāii.
Chiavare - Klìl dághrum, klìl dághrit, *pret.* klìl dághertìa.
Chiavato - Klil daghertìa.
Chiave - Klìl.
Chicchera - Fingián.
Chiedere - Koasium, koásit, *pret.* koást.
Chiedere perdono - Tobekem. Pentimento faccio.
Chiesa, *e* Monasterio - Der.
Chiesa *degli Ebrei* - Eknìs.
Chiesa *de' Turchi, vedi* Moschea.
Chierico - Scamása.
Chiodo - Bsmár.
Chitarra - Tambúr.
Chirurgo - Gerahh.
Chiudere - Dághrum, Dághrit, *pret.* Dághert, Dághertìa.
Chiudere gli occhi - Ciave q̇o nakinum, Ciáve q̇o nakìnit, *pret.* Ciave q̇o nakand.
Chiudere *colla chiave, vedi* Chiavare. *Colla catena all'uso d'Oriente* Zangìr kem.
Chiuso - Daghertìa, ghertìa.
Chiunque sia - Er ki bit.
Chiunque fu - Er ki bú.

Cri-

Cristo - Isa.
Ciarla - Ahhkajat.
Ciarlare - Ahhkaját dem.
Ciarlatano, *che canta e suona* - Matérb.
Ciarlatano, *che fa ginochi e balli di destrezza* - Pelaván.
Ciarlone, *che parla troppo senza prudenza* - G̅halág̈.
Ciascuno - Er ki.
Cibare - Zãdi dem, Ghrari dem.
Cibare, mantenere - Qodám kem.
Cibo - Zãdi, Gkrari.
Cicogna, *uccello* - Léghlégh.
Cicoria *selvatica* - Vasalók.
Cieco - Kor.
Cielo - Asmán.
Ciglio - Berŏ.
Cima - Ser.
Cinnamomo - Kakúlla.
Cintura, *fascia alla vita* - Pistmál.
Cintura *col fibbione d'argento, o d'oro all' uso d' Oriente* - Kamar.
Cioè - Jani.
Cipolla - Pivás.
Cipresso - Sélui.
Cipro, *isola* - Kobrus.
Circolare - Gherúm, Gherít, *pret.* Gheriá, Zeverinum, Zeverinit, *pret.* Zeyeriá.
Circolo - Ghira.
Circoncidere - Sonet kem.
Circoncisione - Sonét.
Cisterna - Sahríg̈.
Città - Basciéra.
Civetta, *ed ogni sorte d' animali volanti grossi notturni* - Búmi.
Civile - Mãkúl, Qodám mãriseta.

Cle-

Italiano, e Kurdo.

Clemente, *cuore tenero* - Del nerma. Misericordioso - Rahhma.
Coagulare - Genét kem.
Coccola, *sovra abito grande dei Patriarchi, Mustì, Bassà &c.* Faraga.
Coccola, *ogni cosa rotonda sopra le piante, dentro cui s'inchiudono gl' insetti* - Tapúsk.
Coccola, *che fa il verme da seta* - Kaulusánk.
Cocomero, *cetriolo* - Kiár.
Cocomero *asinino, pianta medicinale* - Kiár sah.
Coda - Du.
Coda *grossa delle pecore Kurde, intendendo anche il grasso* - Dunk.
Coda *divisa dei Bafsà* - Tuk.
Codardo, *timido* - Tersók, Kún frá, *cioè*, Culo slargato, *frase Kurda*.
Codardo *pigro, niente grazioso* - Astü ghrana - Ossa pesanti, *frase Kurda*.
Cogliere, *unire insieme* - Giáminum, *oppure* Begiáminum, Begiáminit, *pret.* Giámánd, *neg.* Na giaminum.
Cogliere *i fiori dalla pianta* - Vékbekem, vekbékei, *pret.* Vek kiria.
Cognata *moglie del fratello* - Zen brá.
Cognato *marito della sorella* - Tì.
Cognazione - Ugiák, Karìb.
Cognizione - Marifét, *per conoscenza* Niáscina.
Coito - Ghana, Gemmā.
Colà - Lúe.
Colare - Safi kem.
Colare, *gocciare* - Dlòp ket, *pret.* Dlóp kiria.
Colatura, *fondo di qualche cosa* - Celmità, Beni.
Collera, *bile* - Safra.
Collera, *sdegno* - kerba.

H   Col-

Collerico, *biliofo* - Safràuvi.
Collerico, *sdegnofo* - kerbina.
Colica - koléng.
Colica, *quando si dà imprecazione ad uno, che poffi morire di colica violenta* - k̄vz el kvrt.
Colla - Masirìng.
Colla *fatta con la radice di un'erba* - Stérk.
Collana *del collo delle donne* - Tok, Krdana.
Collazionare, *mangiar della mattina* - Ser test bok̄um, Ser teſt bo k̄oi, *pret.* Ser teſt k̄oár.
Collazione, *refezione prima del pranzo* - Ser tést.
Collegato, *affociato* - Scirik, Avál.
Collo - Stò.
Colmo, *pieno* - Tegì.
Colombo - koter.
Colombino - Tesék koter.
Colonna *di pietra, o mattoni* - āmúd.
Colonna *di legno* - Stùn.
Coloquintida, *frutto medicinale* - Ahhndal.
Colore - Rengh.

Colore bianco	Rengh fpì.
roſſo	for
verde	keſck
giallo	zér
negro	reſc
cremiſi	krmes
olivaſtro	zéitún.
cannella	tăìni
violaceo	benefsca
celeſte	ſcin
di porpora	ahl
d'arancio	narangi
di portogallo	portoghal

Colore di rosa　　　Rengh ghùlghuli
　　grigio carico　　ghaver
　　grigio chiaro　　fili
Colpa, *peccato* - Ghúna.
Colpa, *occasione di male* - Benàse.
Colpevole, *peccatore* - Ghúnakár.
Colpire - Ledèm, ledèi, *pret.* Ledà, *per ferire* - Brindàr kem.
Colpito - Ledà. Ferito - Brindar.
Coltellino - Ciàkuč, kerìk.
Coltello - ker; *l' r appena si deve far sentire*.
Coltello *grande, che portano li Turchi alla cinta* - kangiàr.
Coltello *più piccolo, che accompagna il grande* - Pas kangiàr.
Comandare (*dei Principi*) Firmàn kem.
Comandare, *volere* - Tevém, T,vei, *pret.* T,via, Tevìa.
Comando - Firman, Tevìa, Vassiét.
Combattere - Génk kem, Sciér kem.
Combattimento - Génk, Sciér.
Come (*in che modo*) Ciàva.
Come (*paragone*) Sibi, Tamér.
Cominciare - Dest pekem, Dest pekei, *pret.* Dest pekiria
Commovere (*le passioni*) Ahhraret debit, *pret.* Ahhrarét bu, *cioè* ardore si fa.
Commoversi a compassione - Del sozìt, *pret.* Del sot, il cuore abbrucia, *frase Kurda, si aggiugne poi il* mio, tuo &c.
Comune - Bu ammo, *per tutti*.
Comunicazione d'*amicizia*, Niiàscina, *di commercio*, Bazàr ghel &c. - Commercio con &c.
Comodamente *con facilità* - kolài - Be zahhmet.
Comodamente *senza premura* - Ahmda qo., *frase Kurda*.

H 2　　　　　Co-

Comodità, *tempo opportuno* - Vakt kangìa.
Comodo, *riposo* - Rahat.
Compagno - Avàl, Scirik.
Comparire - Diàr bum, Diàr bit, *pret.* Diàr bù, *neg.* Diàr nâbum.
Comparso - Diàr, Diàra.
Compasso - Perghàl.
Compasione, *atto di umanità* - Meruhhéta, *cioè* Discreto. Del sozit - Il cuore abbrucia.
Compasionare, *vedi* commoversi a compasione.
Compendio - Màktasar.
Compiacere, *far a genio del tale &c.* - kéif flan cekem.
Compiacersi, *star allegro* - Saffà kem.
Compiacersi, *acconsentire* - kabúl kem.
Compire, *finire* - kalàs kem, Tamàm kem.
Compito - kalàs, tamàm.
Complessione - Tabiàt.
Complice, *vedi* Compagno.
Complice *autor di delitto* - Cekìria, *cioè* ha fatto, *per causa* - Benàse.
Complimentare - Teklif kem, Màriféta kem ghel &c. Cerimonie faccio con &c.
Comporre, *inventare* - Sanàf kem.
Comporre, *aggiustare* - Drest kem.
Compra - keriàra.
Compratore, Keriar.
Comprare - kerúm, *oppure* Dèkerum, Dèkerit, *pret.* keria, *neg* Nàkerum.
Comprendere, *intendere* - Fahem kem.
Comprendere, *contenere* - Boghrum, Boghrit, *pret.* Ghert.
Computare, *far i conti* - Asàb kem.
Computare *nel leggere* - Vahagìnum, Vahagìnit, *pret.* Vahagìnà.

Com-

Computo - Asàb.
Con - Ghel.
Conca, *vaso grande di legno* - Skéf.
Concedere, *dare* - Dém, Dei, *pret.* Dà.
Concedere, *dare licenza* - Dastùr dem, Dastur dèi, *pret.* Dastur da, *neg.* Dastùr nadem.
Conchiudere, *finire* - kalàs kem.
Conchiudere, *far pace* - Solahhtkem, Pekinum, Pekinit, *pret.* Pekina, Pekat *in astratto*.
Conchiudere, *convincere, non esservi risposta* Zapt kem, Alzàm dem.
Conciare *le pelli* - Ghamàr kem.
Concilio *ecclesiastico* - Sìnodus.
Concorso - Ghelak meròvi, Gemmà ghelak, Arbeda.
Concubina, *schiava comprata* - Giàri.
Concupiscenza -- Nefs.
Condannare - Ohhkma le kem, Firman le kem, *far giustizia, ordinar giustizia*.
Condensare - Tirkem, cekem tìra.
Condensato - Tìrbu, Tìra.
Condimento, *per aromati ne' cibi* - Dermàn, *per gusto buono* - Tàm quosca.
Condire, *salare i cibi* - kohhekem, kohhedem.
Condire *mettere gli aromati nei cibi* - Dermàn kem.
Condito, *fatto* - Cebù.
Condizione *di persona d' onde proviene* - Asll.
Condoglianza, *querela* - Ghazénda.
Condoglianza *per i morti* - Tahhzì.
Condolersi, *lamentasi* - Ghazénda dem.
Condolersi *per i morti* - Del flàn quosc kem. Il cuore del tale faccio buono - kater élgherum - stima prendo. *Vedi le cerimonie nella grammatica*.

Condurre - Bebum, Bebit, pret. Berìa, Brìa, Ber, neg. Nà bém, na bèi, pret. Nı brìa.
Confederarſi - Sciarìk bum, Avàl bum.
Conferma - krràr.
Confetmare, dar teſtimonianza - Sciàhd dem.
Confermare uno nell' impiego, o dignità - krrar kem.
Confermare, dar la creſima - Mirùn dem.
Confermarſi, oſtinarſi - Ainàt boghrum Aſibum.
Conteſsare, non negare Nkàr nà kem per confermare, Vedi ſopra.
Confeſlare, udir la confeſſione ſacramentale - Atràf kem.
Confeſsato - Atràf kiria, Tobekiria.
Confeſsato, confermare le accuſe - Krrar kiria.
Confeſſore - Malem a:raf.
Confettare, far confetti conſiſtenti - Mràbba cekém.
Confettare far confetti un poco liquidi - Riciòl cekém.
Confettura, confetti conſiſtenti - Mrábba.
Confetti alquanto liquidi - Riciòl.
Confetti, detti comunemente bomboni - Mlébes.
Confezione, termine di Medicina - Magiún.
Confidare, dire una coſa ſegretamente - Srrbezium, Srrbezit, pret. Srr ghot.
Confidare, aver ſperanza - Ivikem, Ivitkem.
Confinare, eſſer vicino di caſa, ſi dice il ſoſtantivo - Gìrán, unito al pronome, e verbo ſoſtantivo.
Confini da un paeſe all'altro - Tokòbi.
Confondere, meſcolare - Tekel kem.
Confondere far imbrogli ad uno - Téskala cekem.
Confondere, ſvergognare - Kret kem, Be àrz kem.
Confortare conſolare - Del quoſckem, cioè, gli faccio cuore buono. Del kaim kem - Il cuore lo faccio forte.
Confortare una coſa debole - Kaim kem, Mokum kem,

per

per dar forza - Kuét dem, kuet kem.

Conforto - kuéta, kaim, *del resto si fa verbo* - Do conforto, *diventa forte &c.*

Confrontare, *mettere due persone in contradittorio* - Rubári dem.

Confronto - Rubári.

Confusione, *vergogna* - Sciérma.

Confusione, *imbroglio* - Téskala.

Confusione, *moltitudine di popolo* - Kalabála, Arbeda.

Congedare, *dar licenza* - Dastúr dem.

Congedare, *v. g. mandar via un servo mal contento* - Dérekem, Derkem.

Congedo - Dastúr.

Congelare, *v g. le ova con butiro in un piatto al fuoco* - Gemesinum, Gemesinit, *pret.* Gemand.

Congettura - Takmìn.

Congetturare - Takmin kem.

Congiurare - Kaìnbum, kain bit, *pret.* kaìn bú.

Congratularsi, *augurare un buon successo* - Piròs kem.

Conoscenza - Niáscina.

Conoscere - Niáscum, Niáscit, *pret.* Niáscì.

Consacrare - Kodás kem, *parole della consacrazione*, Kalàni gioahr.

Consanguinità - karib, Ugiáh, Beniàt iek, *fondamento uno (frase Kurda)*.

Coscienza - Demmét, Demmétà.

Consegna - Teslìm.

Consegnare - Teslìm kem.

Conseguenza, *si dice l' impersonale* - Debìt - Sarà, oppure, Bù - è stato.

Conservare - Qodám kem. Avéz kem - Liberar dai pericoli.

Considerare - Feker kem.

Consigliare - Niſcàn dem.
Consigliarſi, *domandar consiglio* - Peſciàr kem.
Consiglio - Peſciàra.
Consolare - Del quoſc kem. Il cuore buono faccio - Del vekem - Il cuore l' apro.
Consolarſi, *divertirſi* - Saffá kem, kéif ſtìnum, kéif ſtìnit, *pret.* kéif ſtánd, kèif inum, kéif init, *pret.* kéif inà.
Consolazione - kèif, Del quoſca, Del vàbù.
Consolidare - kaim em, Mokùm kem.
Conſorte - Zen (*figurato*) Mal.
Coſtantinopoli - Stambùl.
Conſuetudine - Reſa, Adèt.
Conſumare, *finire*, kalàs kem.
Conſumare, *diſſipare*, Talàf kem.
Conſumarſi, *v. g. un legno divenuto dalla antichità fragile* - Pìt bit, *pret.* Pìt bu.
Conſumarſi, *marcirſi v. g. un abito dall' umidità* - Rezì bit, *pret.* Rezì bù.
Contadino - Fallahh, Meròvi ghùnd.
Contagio - Tàùn; *ſi dice anche* kéira, *perchè li Turchi credono, che la peſte ſia una benedizione di Dio, onde dicono -* l' anno della peſte - Sali kéira.
Contaminare - Piskem, Neges kem, La,utìnum, La,utìnit, *pret.* La,utànd.
Contaminato - Pis, Neges, La,utànd.
Contare, *numerare* - Beſmérum, Beſmérit, *pret.* Beſmérà, Beſmart.
Contemplàre - Feker kem.
Contenere, *v g. un vaſo quanto liquore* - Boghrum, Boghrit, *pret.* Ghert.
Contentare - Razi kem.
Contento - Razi.

Con-

Continuare, *non lasciare* - Ber nàdem, *non far l'ozioso* - Batàl nà kem.
Conto - Aſàb, *conto d' algebra* - Rakam.
Contorno *delle vesti per ornamento* - Feràs.
Contrabando, *senza licenza* - Be dastùr, *furtivamente* - Desìe.
Contrada - kolàn, kolàna.
Contradire, Adavàt kem, kabul nàkem.
Contrario, *all'opposto*, Mokàlef.
Contrastare - Adavàt kem, Sciér kem.
Contraveleno - Dermàne ziehr.
Contrizione, *pentimento* - Tobe.
Contrito - Tobekàr.
Conveniente, *cosa onesta* - Menàseb.
Convenire, *acconsentire* - kabùl kem.
Convenire, *far contratto* - Bazàr kem.
Convento *de' monaci* - Dèr.
Convenzione - Bazàr.
Convertire, *fare &c.* cekem &c.
Convertirsi *dal peccare* - Tobe kem.
Convertirsi *alla fede* - Dìne ràsta boghrum, Dìne ràsta boghrit, *pret.* Dìne ràsta Ghert, *frase Kurda*, La fede vera prendo.
Convincere - Alzàm dem, Sbàt kem, Sbàt be kem.
Convittare *a pranzo, o cena* - Mevàn kem, Ziafét kem.
Convitto - Mevàn, Ziafét.
Coperta *da letto* - Làèf.
Coperchio *di pignatta, o altro* - Dervàn.
Coperchio *della pippa fatta a rete di fil di ferro* - Serpòsk.
Coppa - Tràr, *in Gezira si dice* Piàn.
Coppetta, *per cavar sangue di vetro* - Ahhgiami, *di corno* - Sciàk.
Coprire, *metter sopra* - Bedém, o dem ſer, *pret.* Dà ſer, Dainum ſer, Dainit ſer, *pret.* Dainà ſer.

Co-

Gorame - kùdari.
Corda - Varìs.
Cordicella - Ben.
Cordoglio - Del ſot. Cuore abbruciato - Del tangha.
 Del zapta - Cuore riſtretto, *fraſe Kurda*.
Coriando - ksnìs.
Cornacchia, *uccello* - kalaghàur.
Cornice, *eſtremità* - Su, *per contorno* - Rak.
Corno - Sciàk.
Corona *dei ſovrani* - Tàg.
Corona *per preghiera de' Criſtiani* - Msbahh, *de' Turchi* - Tsbahh.
Corpo - Leſc.
Coraggio - merdinìa, Gioamerìa.
Coraggioſo - merda, Gioamer, mera.
Correggere, *vedi* Ammonire, caſtigare.
Correre - Bazìnum, Bazìnit; *pret.* Bazànd.
Corriere, *veloce al corſo* - Bazaia.
Corriere, *poſta* - manzìl.
Corriſpondenza, *vedi* Comunicazione.
Corrodere *coi denti* - karrìnum, karrìnit, *pret.* karrand.
Corroderſi, *diminuirſi* - kìmbum, kìmbit, *pret.* kimbu.
Corrompere - Karab kem.
Corromperſi, *putrefarſi, in 3. perſona* - Ghenì bit, *pret.* Ghenì bu.
Corromperſi, *far polluzione volontaria*, ahhtlàmkem; Tove avéſium, Tove avéſit, *pret.* Tove avèt, *cioè* Seme getto.
Corromperſi *involontariamente in ſogno* - Ahhtlam bum, Ahhtlàm bit, *pret.* Ahhtlàm bu, *e per figura dicono:* Nel mio ſogno vedo - Kahhuna qo binum, Kahhunaqo binit, *pret.* Kahhunaqo dit.

Cor-

Corrotto, cattivo - Karàba, Karàb bu.
Corsaro - Kvrsàr.
Corteccia - T,vel.
Cortile - Ahhusc, *monosillaba*.
Corvo - Kalarésc, *altra specie col becco sottile rosso, e giallo, e le gambe* - Kasksk.
Cosa, *sost. v. g. qualche cosa* - Tessék.
Cosa è - Cìa.
Coscia - Rana.
Così, *in questa maniera* - Enda, Au rengh, Vasdùa.
Così, *ottativo* - Kuzì.
Così così, *nè bene, nè male* - Na kangia, na Karàba.
   Mezzanamente - Navengi.
Costa - Parasù.
Costante - Mokùm, Kaìm. *Non si muove* - Na levìt.
Costretto, *per forza* - Bezòr, kotèk.
Costringere - Zor kem, Kotèk lékem.
Costumanza ⎫
Costume ⎭ Resa, àdét.
Costumare, *esser usanza* - Resa aia.
Costumare, *far prendere un uso.* Ukem, Aleminum, Alemìnit, *pret.* Alemànt.
Cotto - Bù, Bùia.
Cottogno - Beh.
Cottone - Pambù.
Cotturnice - Kahhrà.
Covare, *star sopra gli ovi* - Derùnum ser ek, Deràiis ser ek, *pret.* Runest ser ek, *neg.* Runànum.
Cranio - Giàmgiùmi.
Creanza - Màrifèta.
Creare, *proprio di Dio* - Kalàk ket, Kul ket.
Creatore - 'l Kalàk.
Creatura - Maklùka.

Cre.

Credenza, *non dubitare* - Baveria.
Credere - Bavèr kem, *neg.* Bavèrnakem.
Crepare - Pakìnum, Pakinit, *pret.* Pakand.
Crepato - Pákànd.
Crepatura *dell' uomo* - Fètka.
Crepàtura *nel legno* - Kalefctia.
Crefcere, *aumentare* - Zeïdabekem.
Crefcere *di ftatura* - Mazén bum, Mazén bit, *pret.* Mazén bu.
Crefcere *delle piante, andar in alto* - Belénda bit, *pret.* Belenda bù.
Crefima - Mirùn.
Crefimrae - Mirùn dem.
Crefta *degli uccelli* - Pordek.
Cribro, *vaglio* - Bezìnk.
Criftallo - Bellùr.
Criftiano - Fallahh, *cioè uomo non nobile, e cosi li Kurdì per difprezzo hanno fatto ufo di nominarli*.
Criftiere - Okna.
Crivellare - Bezìnk kem.
Crivello - Bezìnk.
Croce - Kag̈.
Crocifiggere - Salìb kem.
Crociolo - Bùta.
Crollare, *sbattere una pianta* - Deafcìnum, Deafcìnit, *pret.* Deaf.iànd.
Crudele - Zalem, Be meruehht.
Crudo - Na bùia.
Crufca *di farina* - Sevì.
Cucchiaro - Kaùcièk.
Cucina - Matbak.
Cucinara - Kabanìe.
Cucinaro - Matbakci.

Cu-

Cucinare - Matbak cekem, Zádi dekém, Ghrari dekem *pret.*. Zádi cekiria, ghrari cekiria.
Cucire - B,drum, B,drit, *pret.* Drù, *neg.* Nàdrum, Drù kem, *neg.* Drù na kem.
Cucito - Drù, Druàr.
Cucitura - Druàra.
Cugina - Dotmàn.
Cugino - Bsmàn.
Culata - Kamàka.
Culo - Kun.
Cuna - Landék.
Cnare - Béhzinum, Behzinit, *pret.* Ehzánt.
Cuocere, *vedi* Bollire.
Cuocere *il pane, e farlo* - Nán pesium, Nán pesit, *pret.* Nán pát.
Cuojo - Kúdari. Cuojaro - Dabagh.
Cuore - Del.
Cupidigia - Tammá.
Cupido, *avido* - Tammákar.
Cuppola - Akdi.
Cupo, *luogo profondo* - Kúra, *uomo malinconico* - Vakam.
Cura, *guarigione* (*si fa verbo* Dermán ket). Alág.
Curabile, (*si fa verbo*) *sarà sano* - Sakbit, Cebìt.
Curare, *far medicina* - Dermán kem, Alág kem.
Curato, *guarito* - Sakbú, cebú.
Curato, *parroco* - Kúri.
Curdistan, *provincia d'Asia* - Kurdistán.
Curdo, *uomo del Kurdistan* - Kurmáng, Kurmángi.
Curia - Máhhkame.
Curiosità, *vedere cosa dilettevole* - Tamáska.
Curioso - Tamáskakar.
Curioso *di saper i fatti altrui* - Pezavéngh, Fazúl.

Cur.

Curto - Kurta, *curto mancante* - Endúska, Piciák, Kima.
Cuscino - Balif.
Custodia, *guardia* - Nobe, Nobedár.
Custodire *conservare* - Qodám kem.
Custodire, *far la guardia* - Nobe boghrum, Nobe boghrit, *pret.* Nobeghert.
Custodire, *non permettere* - Na elum, Na elit, *pret.* Na elá.

D

Da, *segno dell' ultimo caso* - Ex, *o sia* Ez.
Da alto - Ex au rás, Ez belènda.
D'avanti - Ber, Beralka.
Da banda - Kenárek, *in parte una*.
Dabbene - Kangia, Ciaka.
Da capo - Ex ser.
Da capo, *di nuovo principiare* - Nù cekem, *si fa verbo.*
Da capo, *a fine* - Ex ser ahhtta beni.
D'accordo, *insieme* - Barabàr, Pèkua.
Da che - Pasi.
Da chi - Ex kiia.
Daddovero - Rast, *senza burla* - Be iarie.
Dado - Krrát.
Dama, *femmina nobile* - Katùn.
Dama, *gioco*, Dama.
Damasco, *città* - Sciám.
Da molto tempo - Smezia, Ex zamàn.
Dannato - Ciò gehennam, *andò all' inferno* - Kuru gehennam, *figlio dell' inferno*.
Danneggiare - Zerer kem.
Danno - Zerer.

Dan-

Danno, *v. g. quando si rompe qualche bel vaso, o muore qualche persona utile al prossimo* - Moktaben, *come si suol dire:* che danno!

D'ora innanzi -- Ex era péua, Ex nuk péua.

Da parte mia -- Ex kenáre men.

Da per tutto - Ammo ard, Ammo gé.

Da poichè - Pàsi.

Da quando in quando - Giàr giàr, Ghav' ghav', *l'u si pronuncia quasi un mezzo* u.

Da quì - Ex era péva.

Da quì un poco - Ghàva kidì.

Dardo, *saetta*.-- Tìr.

Dare - Dèm, Déi, *pret*. Dà, *questo verbo si fa frequente composto, come il verbo* faccio.

Dare *un pugno* - Mestèk dem.

Dattili - Kvrma.

Da vero, *con impegno* - Megét.

Dazio, *pedagio* - Bàg.

Debitare, *far debiti* -- Déin kem.

Debitarsi, *esser indebitato* - Deindár bum, Deindár bit, *pret*. Deindar bu.

Debitato - Deindàr, Deindàr bu.

Debito - Dein, *quasi monasillaba*.

Debitore - Deindàr.

Debole - Zäif, Zabùn, *senza forza*, Be kuét, Pot.

Debilitare - Zäif kem, Zabùn kem.

Decalogo - Dàh firmán, Qodè.

Decadere, *perdere un impiego* - Mãzùl bum.

Decadere -- *Diventar povero* - Kalandér bum.

Decapitare - Gellát kem, *la testa taglio*, Ser béberum, Ser béberit, *pret*. Ser bría, *neg*. Ser na berùm.

Decidere, *dar risposta*, Gioàb dem.

De-

Decidere (*sentenza del giudice*) Sciériàt Kalas hem, *in giudizio finisco*.
Decifrare - Kéfs kem.
Decime – Zikat.
Decime, *in genere di dieci uno* - Dah iek.
Declinare, *diminuire* - Kim kém.
Declinare, *lasciar di far bene* - Kangìa elum, Kangìa elit, *pret.* Kangìa elà.
Declinare, *far male, non seguitare l' esempio, v.g. del padre* - Naciùm ser reh bab &c.
Decoro, *onore* - Arz.
Decoroso, *geloso dell' onore* - Ahhli àrz.
Decoroso, *avvenente* - Spèi, Qvoscquók.
Decrepito - Pirà.
Decreto - Firmàn.
Deforme - Kreta, Sahhra.
Defraudare, *far inganni* - Ahhilàt cekem, Lébi le kem.
Defraudare *la mercede, o altro* - Ahhràm bokovm, Ahhràm bokoi, *pret.* Ahhràm Kvàr (*frase Kurda*) *cose illecite mangio*,
Degenerare, *vedi* Declinare.
Degnarsi, *onorare* - Kerém kem, Karàm kem.
Degno, *meritevole* - Mstahhk.
Degradare – Mazùl kem.
Deliberatamente, *per dispetto* - P,kàst, Rekka.
Deliberatamente, *volentieri* - Ez del.
Deliberare, *pensare* – Feker kem.
Delicato - Celibi – Nazék.
Delicato, *di gusto buono* – Quosca.
Delirare, *diventar pazzo* – Dìnbum, Din bit, *pret.* Din bù.
Delirare, *parlare fuori di sentimento* - Sber bezium, Sber bezit, *pret.* Sber ghot.

Italiano, e Kurdo.

Delitto — Ghùna.
Delizia - Saffà.
Demonio -- Scéitan.
Denaro - Dràf.
Denaro, *moneta minuta* - Pul.
Denſo - Tìra.
Dente — Dedàn.
Dentro — Ziòr.
Dentro, *inchiuſo* — Dangh.
Deporre, *vedi* Degradare.
Depoſitare - Amanét dem.
Depoſito - Amanét.
Depoſito, *per pegno* - Rahan.
Deprimere - Žalem kem, Na ahhkkem. *Non faccio il giuſto.*
Deputare - Vakil kem.
Deputato - Vakil.
Derivare - Tém, Téi, Tét, *pret.* At.
Deſcrivere - Tefscìr kem.
Deſcrizione - Tefscìr.
Deſerto - Ciòl, Barie, Deſt.
Deſiderare - Azkem, Agekem, Tevém, Del cit, *il cuore va.*
Deſiderare *del bene ad uno da Dio* - Duā kem.
Deſiderare *del male* - Nefrìmdem.
Deſiderio - Feker, Del (*penſiero, cuore*).
Deſtino, *fortuna* - Bakt, Talā.
Deſtino *di Dio* - Mokkàder.
Deſtra - Raſt, *parte deſtra* - Kenàre raſt, *a mano deſtra*, Deſt raſt.
Determinare, *voler fare*, T,vém cekem.
Detto, *cioè proverbio* -. Misàl, *l's ſi dice colla lingua groſſa.*
Detrazione - Ghaibét.

Devoto - Salahh, Nevéliakar.
Diacono - Scamáſa.
Dialogo, *parlata tra due* - Ahhkáſtina bein ehr du.
Diamante - Almás.
Diaſpro - Dana.
Diavolo - Scéitàn.
Dichiarare, *manifeſtare* - Kefs kem.
Dieci - Dàh.
Dietro - Pàsi, *per ſchiena*. Piſt, *per ſeguire uno*, Du.
Difendere, *liberare* - Kalàs kem.
Difendere, *eſſer protettore* - Baravàn bum, ſtar avanti.
Difenſore - Baravàn.
Differire, *ſeparare* - Zudà kem.
Differire, *prolungare* - Giàre k'idì cekem, *un'altra volta faccio*, Zu nákem, *preſto non faccio* (*fraſi Kurde*)
Differente - Zudà.
Difeſa - Kalasìa, *preſo per proprie forze*, Kuéta.
Difficile - Zahhmi, zahhmet.
Diffidare - Bavernàkem, *non faccio credenza*.
Digerire - Āzem kem, Māum, Māit.
Digeſtione - Azemìa.
Di giorno in giorno - Ehro ehro, ëx rvz rvz.
Digiunare - Pruzì kem, *aſtenerſi dalle carni, e latticinj*, Parìs kem.
Digiuno - Pruzì, *aſtinenza*, Parìs.
Digiunare - Ruzì.
Dignità - Paia. Màrteba.
Di grazia - Karém ka, *onore fà*.
Di là - Au viàli.
Dilatare - Frà kem.
Dileguare, *v. g. il piombo*, Ruunxem, *della neve, e ſimili*, Booſit, *pret.* Booſtia.
Dilettare - Kéif dem, Kéif inum, Lāzét dem, Lāzét kem.
Dilettazione - Keiſ, Lāzét.

Di-

Diletto, *amatiſſimo* · Aziz.
Diligentare, *far con attenzione* · Kaujàt kekem.
Diligentare, *far preſto* · Zù cekem.
Diluvio · Tufan.
Di mano in mano · Ehdi ehdi, *cioè pian piano*, Iek du-iek, *uno dopo uno*.
Dimenticanza · Sbìra, sbìr.
Dimenticarſi · Sbìr kem.
Dimenticato · Sbìr kiria.
Diminuire · Kim kem.
Dimoſtrare, *convincere*, T,bàt kem, Alzàm kem, Alzàm dem.
Dimoſtrare, *inſegnare*, Niſcan dem.
Dimorare, *abitare* · Derùnum, Derùnit, *pret.* Rùneſt, *neg.* Runànum.
Dimora · Runéſtia.
D'intorno · Ciàhr rak, *quattro contorni*.
Di nuovo · Nu, Giàre k'idi.
Dio · Qodé.
Dio mi perdoni, *eſclamazione* (Stokfor Allah *in Arabo*) Qodé me boorit · *Iddio me la paſſi*.
Dio m'ajuti (*quando uno è tormentato*) Avàra Qodé.
Dipingere · Nakaſc kem.
Dipinto · Nakaſc kiria.
Diploma, *in grande* · Firmàn, *in quarto di foglio* · Teskera.
Di quà · Erva.
Di quà di là · Ammo ard, Ammo Kenár.
Dire · Bezium, Bezit, *pret.* Ghot.
Dire il vero · Raſt bezium.
Dire il falſo · Dràu kem, Dràu bezium.
Diriggere, *inſegnare* · Niſcàn dem, *diriggere, far diritto* · Dreſta kem.
Diritto, *dirizzato* · Dreſta.

I 2   Di-

Diroccare - Araf kem, Arafinum, Arafinit, *pret.* Araft.
Diroccato - Aràft.
Dipendere (*dicono i Kurdi*) *io sono in mano del tale* - Az deft flàn, *Io sono vemq del tale*, Az meròvi flàn.
Dirizzare - Dreft kem, *alzare uno*, Ràkem, *neg.* Ranàkem.
Dirizzarsi, *alzarsi in piedi* - Rabum, *o* Deràbum, Rabit, *pret.* Rabù, *neg.* Ranàbum.
Disagio - Derd, *disgrazie*, Zahhmét.
Disavyantaggio - Zerer.
Discendente *da qualche gran famiglia* - Bekzàda, Ugiàk zada.
Discendere, *venir a basso* - Tém a kuàr, Tèi a Kuàr, *pret.* Atum a kuàr.
Discepolo - Tàlemid. *Discepolo d'artefice.* Ber oftà.
Disciplina, *ammaestramento* - Tàlum.
Disciplina, *sferza* - Kamci.
Discoprire - Kéfs kem.
Discordia - Fetna, *seminatore di discordie* - Fetnakar.
Discorrere - Ahhkajàta dem, Bahhkovum, Bahhkoyit, *pret.* Ahhkaft.
Discorrere *in segreto*, Kalvài cekem.
Discorso - Ahhkàftina, *in segreto*, Kalvài.
Disfare - Karàb kem, *per metter giù una muraglia* - Arafinum, Arafinit, *pret.* Aràft.
Disgrazia, *esser in disgrazia del tale.* Del flàn màia. *v. g.* Nek mén, *il cuore del tale non è con me* (*frase Kurda*).
Disgrazia, *infortunio* - Zerer, Zahhmet, Scioghol Karàba.
Disleale - Kain, Bebakt.
Dislegare - Vekem, *oppure*, Dévekem, Dévekei, *pret.* Vekiria.

Di-

Italiano, e Kurdo. 133

Dislogare - Felefc ĸem, k͞arab ĸem.
Difpenfa, *licenza*, Daftùr, *per luogo dove fi confervano le vivande.* Kiler.
Difpenfare, *dar licenza.* Daftùr dem.
Difpenfare, *diftribuire*, Kafém kem.
Difonefto - Pis, Iz, Neges.
Difonorare, *far fenza onore.* Be a͞rz cekem.
Difonorare, *non fare onori.* Karàm na kem.
Difonore. Be a͞rz, Be karàm.
Difordinare, *mefcolare.* Tekel kem.
Difordinare *un efercito,* A͞sĸer Baláva ĸem.
Difordine. Sciog͞hol k͞arába, Sciog͞hol dreft nína.
Difotterrare. Inum derva, Init derva, *pret.* Iná derva.
Di fotto - Nesìf.
Di fopra. Au ràs.
Difperare. Bé ivi bum, Be ivi bit, *pret.* Be ivi bú, *effere fenza fperanza.*
Difperato - Be ivi.
Difpiacere, *far collera.* Kerba cékem, *non acconfentire,* Kabùl nákem, a͞gé nákem, a͞znakem.
Difpiacere, *aver dolore.* Del fozit, *pret.* Del for, *il cuore abbrucia (frafe Kurda).*
Difporre, *far pronto.* Ahhzer ĸem.
Difpofto, *pronto.* Ahhzer.
Difprezzare. Asáb nákem.
Difputa, *contefa.* Sciér, Adavàt.
Difputare, *contendere.* Sciér kem, adavàt cekem.
Difavventura. Be baĸt, Baĸt refc, Tala k͞araba.
Difegno. Nifcàn; *per moftra di un lavoro da farfi fimile,* Andáza.
Diffenteria. Ziĸ cit, (*fi fa verbo*) *il ventre và.*
Diffimulare, *non dar fegno.* Nifcàn na dém, *non parlare,* Denĸ nákem.

I 3 Di-

Disingannare, *far capire*. Fahem le kem.
Dissipare. Taláf kem.
Dissipatore. Taláf.
Dissuadere, *il pensiere rivolto*. Feker vagharinum, Feker vagharinit, *pret.* Feker vaghariá.
Dissuadere, *non permettere*. Na elum, Na elit, *pret.* Na elá.
Disubbidire. Ghoh nadèm, *orecchia non dò*.
Distaccare. Vekem, *oppure* Dévekem, Dévekei, *pret.* Vekiria.
Distaccarsi, *e fuggire, v. g. un cavallo legato*. Varásit, *pret.* Varásiá.
Distanza. Dura.
Distendere - Raekem, *pret.* Raekast, *neg.* Raená kem.
Distendersi, *coricarsi per riposo*. Razùm, Razìt, *pret.* Razá, Razáia.
Disteso. Raekast, Razá, Razáia.
Distillare, *gocciare*. Dlop ket.
Distillare, *per lambicco*. Ambik kescium, Ambìk kescìt, *pret.* kesciá.
Distinguere, *separare*. Zudá kem.
Distribuito, *fare in più parti*. Kasem kem, *per spargere qua in la* - Balávakem.
Distribuito, *fatte le parti*. Kasem kiria, *sparso qua in la* Baláva kiria.
Distruggere. Karábkem.
Distruggere, *v. g. un esercito affatto*. Kut kem, *nulla lo faccio*.
Disturbare. Zahhmet dem.
Disturbare *l' animo*. Texel kem.
Disturbo. Zahhmét.
Dita - Tepel.
Ditale - Angbustir druara.

Di-

Italiano, e Kurdo. 133

Difuguale, *non essere simile* - Sibi iek nína, *come uno non è* (*frase Kurda*).

Difuguale, *di numero non pari* - Kat, Giot nína.

Divenire, *diventare* - Debúm, debìt, *pret.* Bú.

Diverfamente. Zudà. G̅heir rengh.

Divertimento. Saffà, Kéifie, *per passeggio in campagna*, Seriàn, Gheriàn.

Divertirfi. Saffakem, keif inum.

Divertirfi, *andare a passeggiare*. Ciùm Sériana, Cit Seriàna, *pret.* Ciò fériàna.

Dividere, *vedi* Diftribuire.

Dividere, *far in due pezzi*, Du ker cekem.

Divino - Illahi, Ia Qodé, *di Dio*.

Divorare. Davìrum, Davìrit, *pret.* Davirà, *neg.* Na davìrum.

Divorzio - Talàk.

Divulgare, Kefskem, Eskara kem.

Dogano. G̅humròk.

Dolce, Scirìna.

Dolcificare - Scirìn kem.

Dolere, *far dolore*. Efsìt, *pret.* Efsà, Tessít, Tefsà.

Dolerfi, *lamentarsi di qualcheduno*. G̅hazènda tkem, G̅hazènda dem.

Dolore. Efsà, *dolore cordoglio*. Del fozit, *il cuore abbrucia*.

Domandare, *chiedere*. Koàsium, koàsit, *pret.* koàst; *neg.* Nakoàsium.

Domandare, *informarsi*. Pefciàr kem.

Domandare *uno da lontano*. G̅hazi tkem, G̅hazì bekem.

Domandare *perdono a Dio*. Tobe kem, *agli uomini*, *vedi* Supplicare.

Domani - Sabahh.

I 4 Do-

Dopo domani - Du ſobahh.

Domare, *raffrenare*, Zapt kem, *far un naturale più dolce*, Nerma bekem.

Domenica. Iek ſciàmbì.

Domeſticare *un animale ſelvatico*. Keiì bekem, Keiì kem.

Domeſtico. Keiì.

Domeſtico, *uomo di caſa*. Meròvi mal, *per ſervitore* Kolàm.

Dominio, *giuriſdizione di paeſe*. Orka, Memmlekéta.

Dominio, *comando*. Ohhkma.

Donare. Dém, Dèi, *pret*. Dá, *un regalo*, Diàri dèm, *una buona mano*. Bakſcis dém.

Dono. Diari, Bakſcis, Peskeſc.

Donna. Zen.

Dopo. Pàſi.

Doppiare. Pecìnum, *oppure* Vepecínum, Vepecínit, *pret*. pecià *piegare*.

Doppiare, *far due pieghe, o due fili*. Du tai cekem.

Doppio - Du tai.

Doppio *di cuore*. Du del, Du rú, Rù reſc, Zaghal, Akhiàl, ahhilàt kàr.

Dormentare, *v. g. un fanciullo*. Nevìnum, Nevínit, *pret*. Nevàſt.

Dormire. Nevúm, Nevit, *pret*. Nevéſtia, *neg*. Nanevúm.

Dorſo, *ſchiena*. Piſt.

Dottore. Mālem.

Dottore *de' Turchi*. Mella, Effendi, Mollà.

Dottrina. Alema.

Dove. Kiva, Kinàve.

Dovunque. Ammo ard, Ammo gé.

Dovere, *biſognare*. Lazem, *imperſonale*.

Do-

Italiano, e Kurdo.

Dovere, *esser debitore*. *vedi* Debitarsi.
Dramma. Drahm.
Droghe. Dermàn.
Droghiere. Attàr.
Dubbio, *sospetto*. Sck.
Dubbioso, *irrisoluto*. Ahhir.
Dubitare, *sospettare*. Sck kem, Sck aia.
Dubitare, *essere irrisoluto*. Ahhir bum, Ahhir bit, *pret.* Ahhir bu.
Due. Dù.
Due a due. Giòt giòt.
Dunque. Ammà.
Duolo. Tahhzì.
Durabile. Karàb nàbit, *non si guasta*. Ghelak mìnit, *assai rimane*.
Durante (*avverbio*) Ahhtra.
Durare *molto rimanere*. Ghelak mìnum, Ghelak mìnit, *pret.* Ghelak maia.
Durare, *non guastarsi*. Karàb nàbit, *pret.* Karàb na bù.
Duro. Eska; Mokum.

E

E, *copula*, U.
Ebano, Ebanùs.
Ebreo. Giù.
Eccedere. Zeidakem.
Eccellente, *bello*. Taza, Spéi, Náder.
Eccellente, *luogo alto*. Belénda.
Eccessivo. Zéida, Ghelak zèida.
Eccetto che. Sbèl.
Eccettuare. Sbèl, *si aggiunge il pronome, o sostantivo passivo*.
Eccitare, *vedi* Commovere.

Ecclis-

Ecclissarsi, *diventar oscuro*. Taribit, *pret.* Taribú.
Ecclissarsi *del sole, e della luna*. Ghairit, *pret.* Ghairbú, *s'aggiugne il sole, o la luna*.
Ecco A. A.
Eco, *ripercossa di voce*. Denκ vagharit, *la voce rivolta*.
Edessa, *città*. Urfa.
Edificare. Avá κem, Avaña ce kem.
Edifizio. Mal, Kaní. *edifizio grande quasi castello* - Kasser.
Educare. Tarbiět dem. Tarbiá kem.
Educazione. Tarbiět.
Effeminato, Kàuvì zen tevét, *assai ama le donne*. Del cit zen, *il cuore va a donne*.
Effeminato, *che pecca con donne*. Zenaκàt.
Efficace. Zora, Kueta, kangia, Ciáka.
Effigie. Suréta, Sura.
Egli. Au.
Egli stesso. Au bu qo.
Eguale, *andar insieme*. Barabàr, Péκua.
Eguale, *nè più lungo, nè più corto*. Dresta, Tamám.
Eleggere, *scegliere*. B,zièrum, B,zièrit, *pret.* B,ziàrt.
Elefante. Fil.
Elemento. Anasser.
Elemosina. Sàdaκa, Kéiràt.
Eletto, *scielto*. B,ziàrt.
Elettuario, Magiùn.
Elogio, *lode*. μèta.
Eloquente. Qodám κabar, Fahìm.
Emendare, *vedi* Correggere.
Emendare, *far rimedio*, álàg κem, *aggiustare*, Drest tκem.
Emendare, *altre volte non faccio*. Edì nàκem.

Emen-

Italiano, e Kurdo.

Emendarſi, *non più peccare*, *pentirſi*. Tobe ĸem.
Emendato, *lavorato meglio*. Dreſt ᴋiriá.
Emendato, *pentito*. Tobeĸar.
Emoroidi. Maiasìr, *Emoroidi ſecche, ò ſiano cieche*, Bavasìr.
Empiaſtro. Mélgiam.
Empio, *ſcellerato*. Iaramàz, Menàfaĸ, Enghiddi babo.
Empire. Tegi ĸem.
Empiuto. Tegì.
Emporio. Kazinà *teſoro*, *per luogo di commercio* - Bender.
Emulo. Duſmàn, Maĸabìl.
Endivia. Ehhndeba, *endivia ſelvatica*. Vaſſalòĸ, Ghiàghrè.
Enfiare, *ſoffiare colla bocca*. Pùf ĸem.
Enfiare, *gonfiare*. Voraminum, Voramìnit, *pret*. Voramànd.
Entrare, *vado dentro*. Ciùm ziòr.
Entrata, *rendita dei beni*. Iràt.
Epilogo. Mòĸtasàr, Ieĸ ĸabar *in una parola*.
Epilettico. Demìn.
Epitafio. Tariĸ.
Equinozio. Naù rúz.
Erba. Ghià.
Ereditare. Irat ĸem.
Eredità. Iràt.
Eretico (*tra' Criſtiani*) Artoĸi.
Errare. Ghalàt ĸem.
Errario. kazinà, kazna.
Errore. Ghalát.
Eſagerare. Zeida ĸem, zeida bezium.
Eſageratore Zeida ĸàr.
Eſalare, *alzarſi i vapori* - Boĸàr rabit, *pret*. Boĸàr rabù.

Eſa-

Esalare, *svanire*, Bokàr cìt, *pret.* Bokàr ciò.
Esalazione. Bokàr.
Esaltare, *lodare* - Metta кem.
Esaltare, *far grande*. Mazen кem.
Esaltare, *far più onorato*. Maкùlter кem.
Esaltazione, Màrtaba, Paia (*dignità*).
Esaminare - Teftìsc кem, *vedi Domandare*, *vedi Considerare*.
Esaminatore. Teftìsc.
Esasperare, *far andar in collera*. Sèl кem, Kerba lève кem, *reg.* Kerba ve le naкem.
Esaudire. Kabùl кem.
Esattamente. Tamàm, Drefta.
Esattore *sopra l' entrate d' un villaggio*. Sciàna.
Esattore *sopra una pena pecuniale* - Ambàscier.
Esca, *vedi cibo*.
Esca *da accendersi con acciarino sopra la pietra*. Pùs.
Escludere. *Vedi cacciar fuori, non volere, non permettere*.
Escluso; *eccettuato*. Sbél.
Esemplare, *per fare una cosa simile*. Andasa.
Esempio. Metel, Misala.
Esentare. Māaf кem, M,selm кem.
Esente. Māaf, M,selm.
Esequie, *orazioni sopra il morto* - Nevèsia ser merìa.
Esercitare, *far uso continuo*. Stāmel кem.
Esercitarsi, *occuparsi per sollievo*. Mezùli qo кem.
Esercito. Āsкer.
Esercizio. Āmelìa.
Esibire, *li Kurdi fanno una frase*, v.g. *Io ti esibisco me stesso*. Az кabel tà, Az bèr ta &c. *cioè, io avanti a te &c.*
Esiliare. Derébeкem, Der кem, Sorghun кem.
Esilio. Sorghun, Dere kest.

Esor-

Italiano, e Kurdo.

Efortare, *vedi Configliare*.
Efperienza. Gerobándia. Tegeríb.
Efperimentare. Gerobinum, Gerobìnit, *pret.* Geroband, Gerobandia, Tegeríb ᴋᴇᴍ.
Efperto, *difinvolto*, Ziteᴋ, Sciáter.
Efperto *in un'arte*. Oftá ᴋàr, Kaùvi oftà.
Efplorare, *v. g. un'armata*. Giafsùs ᴋᴇᴍ.
Efploratore. Giaſsús.
Efpreſſione, *parlare bene*. Faffiehh, kangia.
Efpreſſione, *fugo di qualche erba, o frutto*. Ave..
Efpreſſo, *Meſſaggiere*. Sãi, *per trattare di qualche affare*. kaſed.
Efpreſſo, *fpremuto*. Ghaváfct.
Efprimere, *fpremere*. Ghavéfcium, Ghavéfcit, *pret.* Ghaváfct, *neg.* Na ghavéfcium.
Efprimere *parlar bene diftinto*. Faffiehh báhhᴋovum.
Éſſere. Aia, *vedi la grammatica*.
Eftate. Avíni, Avín.
Efteriore. Der, va.
Eftinguere, *v. g. il fuoco*. Vemerìnum, Vemerínit, *pret.* Vemèrant, *neg.* Venamèrinum.
Eftremità, *in fine*. Du maia. *Degli abiti*, Raᴋ.
Eftremo, *in fondo*. Beni.
Età. ãmra.
Eterno (*Dio*) Ehr bù, ehr aia, *fempre fu, fempre è*.
Eterno (*in futuro*) Kalasìa nìna. Be kalás, Ehr bít, *fenza fine, fempre fará*.
Évacuare, Kalì ᴋᴇᴍ.
Evacuare *una fortezza*. Bérdem, *cioè rilafcio*.
Evangelo. Angìl.
Eufrate, *fiume*. Sciahht el frát.
Eunuco. Mòksi.
Europa. Franghiftán.
Europeo. Frangì, Frángh.

Fa-

F

Fabbrica. Avàiia.
Fabbricare. Avatκem.
Fabbro. Ahhdát.
Fabbro *delle serrature*, Cilinghér.
Faccia Ru, Suréta.
Faccenda, Sciòghol, *occupazione*. Mezulìa.
Faccendato - Siòghol aia, Mezùl.
Faceto. Iarii kár, κásmer, Kabar quofca.
Fachino. ámal.
Facile. Sánái.
Fagioli. Lupéκ.
Fagotto. Boκcia.
Falce *da tagliar legna*. Bever, b,ver. *da tagliare erba*, Dás.
Falce *rivoltata da falegname*. Tefsciú.
Falcone *femmina* Sciáin, *maschio* Bazì, Giùrrè.
Falconetto, *specie più piccola*. κvrghò.
Falegname. Nāgiár.
Fallare *sbagliare* Ghalát κem.
Fallire (*de' mercanti*) *dicono rompere*. Sκìnum, Sκìnit, *pret.* Skeft.
Fallo, *errore*. Ghalar.
Falsificare. Zaghál κem, *per fare inganno*. Lēbi κem, ahhilet κem.
Falsificato. Zaghál.
Falso, *bugia*. Dráu, *bugiardo*, Dravín.
Fama, *nome*. Nave, *fama grande*, Nave mazén, *fama buona*, Nave κangia.
Fame, Bersìa.
Famelico, *vedi Domestico*.

Fa-

Italiano, e Kurdo.

Famiglia. Mal, *per parentela*. Ugiàx.
Famoso, *noto*. Masciúr, Nave mazén.
Famoso, *lavoro ben fatto*. Spei. Taza.
Fanale, *lanterna*, Faner.
Fanale *con le padelle di pece*. Sciamàl.
Fanciullo. Kuru piciúx.
Fango. Ehhrì, *attaccaticcio*, Tahhxni.
Fantasia, *pensiere*, Fexer.
Fantasma. Kajàl.
Fare Cexem, Cébxem, Cetxem, Kem, *pret*. Cexiria, Cexer, Ker, *vedi la grammatica, questo è il principal verbo, che si fa composto*.
Far *fare*, li Kurdi dicono: Dò a fare. Dem a cexer.
Far *fede*. Sciahd xem, sciahd dem.
Far *sicurtà*. xafil xem.
Far *il pane*. Nan pesium. Nan pesit, *pret*. Nan pat, *neg*. Nan na pesium.
Far *voto*. Nàder xem.
Far *paura*. Tersìnum, Tersìnit, *pret*. Tersànd.
Farfalla. Balatinx.
Farina. Ar.
Farro, *grano cotto*. Savár.
Fascia *da turbante*. Ciarx, Ciarxa.
Fasciare *il turbante, cioè fasciarlo, che non si disfacci*. Ciárx pecìnum, Ciarx pecìnit, *pret*. Ciárx peciá.
Fasciare, *legare*, Sciddìnum, *oppure* Besciddìnum, Besciddìnit, *pret*. sciddànd.
Fastidio. Agesìa, àges, *per imbroglio*, Derd.
Fastidio, *prendersi pena di qualche cosa*, karna.
Fastidire, Ages xem, *fastidirsi*, àges bum, *neg*. àges nábum.

Faſtidirſi, *prenderſi pena* - kama elgherum, kama elgherit, *pret.* kama elghert.

Fatica. Sciákiat, sciòghol ghelak.

Faticare. Sciòghol kem, sciákiat kefcium, sciákiat kefcit, *pret.* sciákiát kefcá.

Fatigare, *eſſer ſtanco*. Vaſtúm, vaſtit, *pret.* Vaſtà.

Fato. Bakt, Talá.

Fatto. Cekiria, *per finito*, kalás.

Patturare. Sahhr kem.

Fava. Baklla.

Fauci. Afka, Afka gherù.

Favo - Sciána enghìvìn.

Favola, *e romanzo*. Círók.

Favorire, *onorare*. karém kem.

Favorire, *far a piacere del tale*, keif flán cekem.

Fazzoletto. Desròk.

Febraro. Scuàt.

Febbre. Tah.

Febbre *quotidiana*. Tah ehro ehro.

Febre *maligna*. Naquoſcìa.

Febbre *di punta, o ſia pleuritide*, Biverì.

Febbre *etica*. Eſtéska.

Febbricitare, *attualmente*. Tah aia, febbre ha.

Febbricitare, *in futuro, e preterito*. Tahvìbum, Tah vibit, *pret.* Tahvi bù, *neg.* Tahvi nà bum.

Febbricitante, Tahvi.

Feccie, *ſporcheria*. Pis.

Feccie, *avanzi d'ogni ſorte di coſe*. kurt u murt, *ritagli, ed avanzi*.

Fede. Dine, Metáb, Aimàn.

Fedele. Amìn.

Fegato. Melàk.

Fe-

Italiano, e Kurdo.

Felice, *fortunato*, Bakt kangia.
Felice, *allegro*, Kéit quòſca.
Felicemente, *a ſalvamento*. Salamét.
Felicitare, *augurare del bene*. Duā kem.
Femmina, *donna*. Zen.
Femmina, *animale*. Meh.
Ferita. Brin.
Ferire. Brindár kem.
Ferito. Brindár.
Fermarſi. Raváſtum, Raváſtit, *pret.* Ravaſtà, *neg.* Ranavaſtum.
Fermarſi, *ſoggiornare*. Derùnum, Derúnit, *pret.* Runeſt, *neg.* Runànum.
Fermentare. Avìr turſia Kem.
Fermentare, *riſcaldare uno*. Ghermakem.
Fermentato. Avìr turſia bù.
Fermento. Avìr turſia.
Ferro. Asén.
Ferro *da cavallo*. Nāl.
Feſta. āid.
Feſteggiare. āid kem.
Fetore. Been gheni. Been na quòſca.
Fettuccia. kéitán.
Feudatario, *li Turchi dicono* Spahi, *ma li Kurdi non ſono feudatari, e chi ha villaggio vien chiamato signore del tal villaggio*. Agha ſlan ghund.
Feudo, *terreno proprio*. Melk, Melk kàna.
Fiaccola. Sciámal.
Fiacco, *ſtanco*. Vaſtà, Be Kvét bú.
Fiacco, *magro*. Zabùn, Żāif.
Fiamma. Ghori.
Fianco. Tanèſt.
Fiaſco *di vetro*. Scúſca.

K   Fian-

Fiasco *piccolo di terra da bevere*. Ghòsk.
Fiasco *grande di terra, ò sia piccola urna*. Kolòs.
Fiato. Nefs, Behụ.
Ficcare, *metter dentro*. Dém ziòr, Dèi ziòr, *pret.* Dà ziòr.
Ficcare, *piantar un chiodo*. Besmàr dem.
Fico, *frutto*. Ezìr.
Fidarsi, *aver credenza ad uno*. Bavòri kem, Bavorìa aia.
Fiele. Zehr áve.
Fiero. Duzuàr.
Figlia. Kéccia. Keč.
Figlio. Kùru.
Fglio *bastardo*. Kuru zéna. Bizi.
Figlio *addottivo*. Sciùna Kuru.
Figura. Sekel.
Filare. Tesí kem.
Filo. Ben.
Filo *ritorto*. Ben badà.
Filo *di ferro*. Tel.
Filosofo. Filosòf.
Fine. Kalàs, Du maia, *per pensiere*. Feker. *Per intenzione*. Niehhta.
Finestra. Pangiéra.
Finestra *piccola, o sia buco da vedere*. Kulék.
Fingere, *vedi Dissimulare*.
Fingere, *mentire*. Drau кem, *per far due faccie*. Du rù cекem, Du del cekem, *due cuori faccio*.
Finire. Kalás kem.
Fino, *avverbio*. Ahhtta.
Fino, *sottile* Zrávà, zràv'.
Fin' ora. Ahhtta nuk.
Finocchio. Rezianà.
Fintanto. Ahhtta.

Fin-

Finto, *ingannatore*. Du del, Dravin, Lébakar, ahhilát-kàr, Ahhiàl.
Fiocco. Kaṣi.
Fionda. Barkána.
Fiore. Kulik, Ciciék.
Fiore *di latte di bufola*. Káimak, *di pecora*. Ser tù.
Fiorire. Kulilk det, Ciciek ket, Kulilk ceket, Ciciék ceket.
Fischiare. Dév'dénk dem, *colla bocca do voce*.
Fissarsi, *ostinarsi*. Asi kem, āinatie boghrum.
Fissare, *far una cosa consistente*. Tira cékem.
Fisso, *spesso*. Tira, *ostinato*, āinat, āsi.
Fistola. Nasùr.
Fiume. Siahht.
Flato. Ba.
Flato, *ch' esce dalla bocca, cioè rutto*. Berrék.
Flauto. Bulùl.
Flauto *da pastore*. Dudék.
Flemma. Belghàm.
Flussione. Persif.
Flusso *di ventre*. Zik cit, *il ventre và*.
Flusso *di mare*. Mùg 'l Bahhr.
Foccaccia. Baklàva.
Fodera. Batàn, Giànk.
Fodero *delle armi*. Kavélan, kaúlán.
Foderare, *v.g. una veste* Batán kem.
Foderare, *far il fodero ad un'arma*. Kaùlàn kem, Kaùlàna cekem.
Foglia. Belk, *molte foglie unite insieme in terra* Ciullú.
Foglio *di carta*. Tabák kāghéz.
Folgorare. Brùsi det.
Folgore. Brùsi.

Folla, moltitudine di gente. Kalabála, Arbedà, Kalkgnelak.
Folletto. Gén.
Fondamento. Beniàt.
Far fondamenti. Beniàt ceKem, Beniàt dem.
Fondare, fondere. Resium, oppure Darésim, Darèsit, pret. Rét.
Fondo d'un vaso. Beni.
Fondo, profondo. Kura.
Fongo. KevàrK.
Fontana, che gioca, Sciadrùvàn, la di lui vasca. Kolatén.
Fonte. Kani,
Forame. Kun.
Forastiere. Biàni, Gharib.
Forare. Kun Ken, Bésonum, Bésonit, pret. Sontìa, Sont.
Forato. Sontia, Kun Kiria.
Forbice. MoKàz.
Forbire. PaKàsc Kem e
Forma. Kaleb.
Formare far una forma. Kaleb ceKem, per fare, vedi Fare.
Formaggio Panir.
Formento. Ghenam.
Formica. Merù.
Formicazione delle mani. Koriàna dest. de' piedi Koriàna pé.
Fornace. Màktara.
Fornaro. Kabbàz. Fornaro di casa - Nan pan.
Fornicare. ZenaKem, GhanaKem, per qualunque sesso. Ghum, Ghit, pret Ghà.
Fornicazione. Zena, Ghana.

For-

Fornello. Kuciek.
Forno all' Europea. Forn.
Forno all' uso del paese aperto di sopra per cuocere il pane. Tanúr.
Forse. Belki.
Forte. Mokùm, kaim.
Forte, uomo coraggioso, vedi Coraggioso.
Fortificare. Mokumkem, kaim kem.
Fortificare, v.g. una città. Asixem.
Fortuna. Bakt, Talâ.
Fortuna di mare. Furtùna.
Fortunato. Qodàm bakt. Talâ kangia.
Forza. Kuét, Arakét, Takàt.
Fossa. Giùmi.
Fosso. Giò, fosso d' acqua, Giòavé.
Fra. Bèin, monosillaba.
Fracassare, fare in pezzi. Ur kem, Vasàl vasàl bekem.
Fracasso. Denk, Kalabála, Arbeda.
Fragile. Nasék.
Frangere. Skinum, skinit, pret. skand, skest.
Franto. Skând, skestia.
Frasca, frondi. Ciùllù.
Frascheria. Kasmériát.
Frase, modo di dire. Loghàt.
Fratello. Brà.
Freddo. Sara, soft. Sarmáia.
Fregare. Parakinnm, Parakìnit, pret. Parakând.
Fremere, aver collera. Kerba aia, arrabbiarsi, Ahhr Kem, Ahhr de bùm.
Frenare. Zapt Kem.
Freneticare. Dìn bùm, dìn bit, pret. Dìn bù, Deminbum.

K 3 Fre-

Frenetico. Dìna, Demìn.
Freno *della briglia.* Laghàf.
Frequentare, *molte volte andare* - Ghelak giár ciùm, Ehr ciùm.
Frequente. Ehr ehr, Dèimàn, Ghelak giar.
Fresco. U,na, *v.g. a·ia fresca*, Ba u,na.
Fresco, *cosa nuova*. Nù.
Fresco, *v. g. carne fresca*. Taza.
Fretta. Beléz. Zú.
Frezza, *o freccia*, Tìr.
Friggere. Kalìnum, Kalìnit, *pret.* Kalànd.
Frittelle. Sambùsek.
Fritto. Kali Kalandia.
Frode, ahhilat, Lēbi, Zaghàl.
Frondeggiare, *verdeggiare.* Scìnbit, *pret.* Scin bú, *neg.* Scìn nàbit.
Fronte, Genìk, Genìka.
Frontiera, *confinanza.* Tokóbi.
Frontiera, *riparo degli esercici.* Ciáper.
Fruttificare, *dar guadagno* - Fàida dem.
Frutta. Feki.
Frutta *nuova*. Kèva.
Frutto, *guadagno.* Fàida.
Fugare *un esercito, romperlo* - Skìnum, skinit, *pret.* Skand.
Fugare *uno.* Ravìnum, Ravìnit, *pret.* Ravànd.
Fuggire. Ravúm, Ravit, *pret.* Alát.
Fuggittivo. Alàt.
Fuliggine. Dukel pkéri, *per sporcheria del tabacco abbrucciato nella pippa.* Karaziù.
Fulmine. B usi.
Fumare. Dukél det.

Fu-

Italiano, e Kurdo.

Fumare *la pippa*. Kaliùn kefcium, Kaliùn kefcìt, *pret*. Kaliùn Kefcà.
Fumo. Dukel.
Fuoco. Aghrì.
Fuocolare KucieK, *portatile*, MonKal.
Fuocolo, *natural collerico*. Kerbìna, Gherma.
Fuori. Derva.
Fuori di fperanza, *fenza fperanza*. Be ivì.
Fuori di fe, *fenza cervello*. Bè aKel.
Fuor di tempo. Bè vaKt.
Fuor di pericolo, *fenza paura*. Bè tersà.
Fuor di quefto, *eccettuato quefto*. Sbel au.
urbo. Fahìm, Ehhsiàr.
Furbo, *ingannatore*. Ahhilàt Kar, Kabìt, Lēbi Kar, Ahhial.
Furiofo, *fuor di fe*. Be aKel, Dìna (*matto*).
Furiofo, *natural cattivo*. Du zuàra, Kerbìna, Tābiàt tizia, Be tābiàt.
Furtivamente. Be denk, *fenza rumore*.
Furto. Dès, Desì.
Fufo *da filare*. Tesì, *fufo difciolto*. Ruun bù.
Futuro, *dopo*. Pasì, *farà*. Debìt, *non è ancora flato*, ehs nàbù.

G

Gabbare. Ahhilàt Kem, Lēbi ceKem.
Gabbato. Ahhilàt Kiria. Lēbi Kiria.
Gabbia. Kafs.
Gabella. Bàg, GhumroK.
Gabelliere. Damànci, Ghumrókci.
Gagliardo. Kuét, MoKùn, *per piccante*. Duzuàra, Tizia.
Galana. Kufelà.

K 4   Ga-

Galana *di mare*. Baghàv'.
Galante. Gèndii, Celibi.
Galera. Dàic ghamìe.
Galla. Mafi.
Gallina. Mirìsk.
Gallina, *che cova*. Kvrka.
Gallo. DiKel.
Galletto. Dikelòk.
Galoppare. Bazìnum, Bazìnit, *pret.* Bazànd.
Galoppo. Bazàia.
Gamba. Bàsk pè, Lulia pé.
Garbato. Qodam mārités. Celibi, Géndii.
Gargarismo. Gharghar.
Gargarizzare. Gharghar be Kem.
Garofani. Karùnfol.
Garzone, *uomo in circa di 20. anni*. Làva.
Garzone *di bottega*. Ber ostà.
Gatto. Kitèk.
Gazela, *forte di animal felvatico nei deferti*. Ghazàl.
Gazza, *uccello bianco, e nero*. Kaskɪk.
Gelare. Gemét bum, Gemét bit, *pret.* Gemet bu.
Gelare, *v. g. un ovo nel butiro in una padella al fnoco*.
    Gemasìnum, Gemasìnit, *pret.* Gemànd, Gemast.
Gelo. Gemet.
Geloso, *in bene impegnofo*. Ghiréta, Qodam ghira.
Geloso, *in male, fi dice ba fempre gli occhi fopra*.
Gelfomino. Iafmin.
Gemelli. Auàl.
Gemere, *piangere*. Ghirùm, Ghirìt, *pret.* Ghirìa.
Gemere, *dar voci lamentevoli*. Nahɪкem.
Gemma. Gioahr.
Generale *d'armata*. Ser āsker.
Generalmente, *tutto*. Ammo.

Ge-

Italiano, e Kurdo.

Generare *degli uomini*. Kuru cekem, *figli faccio*.
Generare *dei quadrupedi*. Zid, *pret.* Zà, *che significa propriamente aumentare*.
Generazione, *per parentela*. Ugiàk.
Generazione, *di che razza, v. g. de' cavalli*. Tòkma.
Genero. Zavà.
Gengiva. Pu dedán Pue dedàn.
Gennaro. Kanùn pasi, Kanùn mazén.
Genio, *simpatia* Ascka. Del. *Cuore*.
Genio, *spirito folletto*. Gen.
Gente, *moltitudine*, Kàlk, *per di che specie*. Génz, Tokma.
Gentile, *vedi galante, garbato*.
Gentile, *idolatra*. Sanàm perést.
Genuflessione. Rakàt (*l' usano i Turchi quando fanno orazione*).
Germania. Namsa.
Germanico. Namsávi.
Germogliare, *far foglie nuove*. Scìn bit, *far ributti* Scetel Ket.
Germoglio. Scetel.
Gesso. Ghiéz.
Gestire, *movere le mani*. Dest levìnum, Dest levìnit, *pret*. Dest levànd.
Gesto. Niscan, *cioè segno*.
Gettare. Bavesium, Bavésit, *pret*. Avét, *neg*. Na avésium.
Gettare, *fondere*. Daresium, Darésit, *pret*. Ret, *neg*. Na resium.
Ghiaccio. Gemet, Gelid.
Ghianda. Berrù.
Ghignata, *riso smoderato*. Sbri kenìa, Zor kenìa, Ter kenìa.

Ghiot-

Ghiotto, *avido* - Tammä, *senza raffrenámento di passione*, Be nefs.
Giacere, *coricarsi disteso*. Razlnum, Razinit, *pret.* Razáia, Razànd.
Giacinto, *fiore* - Simbel.
Giacinto, *pietra preziosa*. Iakút keli, Iakút scin, Zamrùt scin.
Giallo - Zer.
Giammai. Ciù giàr.
Giardino. Rez.
Gigante - Meròvi mazén, *uomo grande*. Gibbàr.
Giglio. Zebát.
Ginepro. Avrést.
Ginocchio. Kodk.
Giocare. Beleizum, Beleizit, *pret.* Beleizt, *cioè ballare solo*.
Giocare, *dir barzellette*. Iarii tkem.
Giocare, *sommettere*, Sciért dekem, Sciért bvghrum.
Gioco, *il divertirsi dei ragazzi*. Iarii.
Gioja. Gioáhr.
Giojelliere. Gioáhr ci.
Giojoso, *allegro*. Kèif quoscá. Tabiát quosca.
Gioire. Saffa kem, Kéif inum.
Giostra. Gerrit.
Giostrare. Gerrìt Kem.
Giorno. Rvz.
Giovamento. Faida.
Giovare. Faida kem, *per gli altri*, Faida de bùm, Faida lebùm.
Giovine. Gioàn, *vedi Garzone*.
Giovine *bello*. Gioàn, Kuru quoscquór.
Giovedì. Péng sciámbi.
Giramento. Zevéria.
Girare. Zeverinum, Zeverinit, *pret.* Zeveriá, Zeverànd.

Giub.

Giubba. Benìſc.
Giubbone. Giàbakurtèk.
Giudicare, *far giuſtizia, vedi condannare*.
Giudicare, *opinare* - Bavèr bekem.
Giudicare, *dire il ſuo ſentimento con verità*. Ráſt bezium, Ràſt bezit, *pret.* Ràſt ghót.
Giudicatura. Màhhkame.
Giudice. Kazi.
Giudizio, *lite*. Sciériát, *per intelletto*, Axel, Fahem.
Giudizio *univerſale*. Ruz kiàmet, *giorno della riſurrezione*.
Giudizioſo. Axel, Fahìm.
Giugno. Kaziràn.
Giumenta. Mah xerra.
Giumento. Kerro.
Giuntura. Ghré, *per un taccone*, Pareſpàn.
Giurare. Sund bokùm, Sund boxòi, Sund bokót, *pret.* Sund Koár, *neg.* Sund náxoum.
Giuramento, Sund.
Giuriſdizione, *vedi Dominio*, *Governo*.
Giuſeppe, Iuſef.
Giuſtamente, Dreſta, Raſt, Ahhx.
Giuſtificarſi, *dar riſpoſta*, Gioàb dem, *per purificarſi*. Safi xem.
Giuſtiziare, Ohhxmét lekèm, Ohhma lexém.
Giuſto, Dreſta, Tamàm, *v. g. domanda giuſta*, Anſàf.
Giuſto, *che non prende coſa illecita*, Ahhlàl zàda.
Gloria, *onore*, Ka, àm, Nàve Kangia, Nave mazén, *cioé*, *nome buono*, *nome grande*.
Gloriarſi, *lodarſi*, Meta qo kem.
Gloriarſi, *pavoneggiarſi*, T,ehzinum, T,ehzinit, *pret.* T,ehzand.

Glu-

Glutinoſo, *mucilaggine*, Ghaliza. Glutinoſo, Venuſcieka
Glutinoſo eſſere, *attaccarſi*. Venùſcium, Venùſcit, *pret.* Venùſcià.
Gobba, Piſt skeſt, *ſchiena rotta*.
Goccia, Dlop.
Gocciolare - Dlop ket.
Godere, *ſtar allegro*. Saffà kem.
Godimento. Saffà.
Goffi, Ahhmak, ghaſcìm.
Gola. Gherù.
Gola *larga*, Be nefs, *ſenza freno di paſſione*.
Goloſo. Gherù frà.
Gomito. Anìsk.
Gomitolo. Ghlomesk.
Gomma, Geùvi.
Gomma *dell'albero kottina*, Beniſt.
Gomma *gotta (medicina)* Ravéntcini.
Gonfiare, Voram bum.
Gonfiare, *v. g. una veſcica col fiato*. Pefkem.
Gonfio. Voram, Vorámtia.
Gonorrea. Suſenèk.
Gotta, *malattia*, Unék.
Gotta *per goccia, vedi ſopra*.
Governare. Ahhkem kem, Ohhkem kem.
Governare, *regolare qualche affare*, Tetbìr kem.
Governatore, Muſellem.
Governo, *ſtato, e giuriſdizione di un principe*, Orkéta, Orkét, Toprak ʻOhhkiʼa.
Gozzo, Ahuva, Ba.
Gozzo *degli uccelli*, Papefk, *l' iſteſſo nome ſi dice anche della veſcica*.
Gracile, Zàif, *magro*, Zabùn.
Gradino. Darag.
Graffiare. Karagiùnk kem, Karagiùnk dem.

Graf-

Graffiatura, Karagiùnk.
Graffio, *per pescare*, Cinghàl.
Grammatica, Krammatik.
Gramo, *melanconico*, Vakam, Be kéif.
Granajo, Ahhmbàr.
Grandine, Terk.
Grano, *frumento*, Ghenam.
Grano, *peso*, Ahhbeii.
Grano, *semenza di qualunque pianta, o d'uva*. Dendék.
Grappolo. Usì.
Gappolo *d'uva*, Usì trì.
Grasso, Kalaù.
Grasso *degl' interiori delle pecore*, Bez.
Grattare, Korinum, korinit, *pret.* korià, koriànd.
Graticola, Scébaki.
Grato, *accetto*, Makbùl, *per riconoscente del bene*. Kam già niàscit, *il bene conosce*.
Gratuitamente. Belàsc.
Gratularsi, *felicitare*. Piròs kem.
Grave, *pesante*, Ghrana.
Grave, *venerabile*. Makùl.
Gravida, *donna*, Ahhmla.
Gravida, *una bestia*, Avezza.
Grazia, *accetto*. Makbùl.
Grazia, *bella maniera*, Màriféta.
Grazia di Dio, Namét allah.
Grazioso, Giéndi, Celibi.
Greco, Rùmi.
Gregge *di pecore*. Karek pàz.
Grembo, Koscia.
Grembo, *lembo della veste*. Rak, *per umiliazione alli signori grandi*, Damàna.

Gri-

Grida, *pubblicazione degli ordini del governo*, Denk Dellál.
Gridare per alzar la voce forte, Denk belénda kem.
    andar in collera, *vedi adirarsi*.
    chiamare ajuto, Avára ghazì kem.
    quel che fanno li Turchi sopra le torri per segno delle loro orazioni, Bàngh dem.
    canto del gallo, Bàngh det.
    ragghiare dell'asino, Zerrìt.
    urlare de' cani, Trevìt.
    ruggire de' leoni, Denerìt.
    urlare de' lupi, Lurìt.
    muggire de' bovi, Koorìt.
    belare delle pecore, Baarìt.
    nitrire de' cavalli, Scihìt.
Grido, Denk, *per chiamare uno*, Ghazì.
Grigio, *colore oscuro*, Ghaver.
Grinza, *crespa*, Kermcì.
Grosso, Stùra.
Grue, *uccello*, Kolèngh.
Gruppare, Ghréb dem.
Gruppo, Ghré.
Guadagnare, Faida kem.
Guadagnare *una scommessa*, Berùm, Berìt, *pret.* Ber.
Guadagno, Faida.
Guai, *imbrogli*, Téskala.
Guai, *avverbio*, Vveh, Vvehi.
Guai, *dolore*, Esà, *per afflizione*, Derd.
Guancia, Ru.
Guanciale, Balìf piciùk, *cioè cuscino piccolo*.
Guanti, Lapek, *guanti di pelle grossa per sostenere in mano li falconi*, Bala.

Gram-

Italiano, e Kurdo. 159

Guardare, *mirare*, Bìnerum, Bìnerit, *pret.* Bìnerà.
Guardare, *far la guardia*, Nobe boghrum, Cexem nobe.
Guardare *di mal occhio*, Ciàv'àver bìnerum.
Guardarſi, *ſtar ſull'avvertita*, Ehhsiàr bum.
Guardia, Nobe, *per uomo che vigila*, Nobedàr.
Guardia portone de' ſignori, Derghavan.
Guari, *cioè non è molto*, Ghelax nina.
Guarire, Sak kem, Cebum (*paſſivo*) *far rimedio* Alàgkem.
Guaſtare, Karàb kem.
Guaſto, Karàba, *per putrefatto*, Ghenì.
Guerra, Génx, Sciér.
Guerreggiare, Gènx kem, Sciér kem.
Guerriere, Génxcì, *coraggioſo*, Mera, Merda, Gioamer.
Guercio, Iek ciàv', *un occhio*.
Gufo, *uccello notturno di ſpecie piccola*, Tox, *di ſpecie grande*, Bùmi.
Guida, *uomo pratico*, Sciàrazài.
Guiſa, *vedi* Come.
Guizzare. Ferkosìt.
Guizzo. Ferkosì.
Guſcio. Tivel.
Guſtare. Tăm bekem.
Guſto. Tăm.
Guſto, *piacere ſenſuale di qualunque ſenſo*. Lāzéta.

I

Idolatra. Sanàm peréſt.
Idolatrare. Sanàm peréſt kem.
Idolo. Sanàm.
Idropico. Eſtéska 'l voram.

Jerì

Jeri. Dul.
Jeri sera. Scévedì.
Jeri l'altro. Per.
Ignorante. Ahhmak. Ghascìm.
Ignoranza, Ahhmakìa, Nazània.
Ignorare, Nazànum, Nazànit, *per preterito si mette al presente il pronome del preterito.*
Ignorare, *essere incapace*. Nescium, Nescit, pret. Nescià.
Ignoto. Malùm nina, Kefs nina, Kes na niàsit, *alcuno non lo conosce*.
Ignudo. Rùs.
Illecito. Ahhràm.
Illuminare, *far chiaro*. Ruhn kem.
Illuminato. Ruhn kiria.
Illuminato, *uomo di Dio*, Vvali.
Imballare. Daghrùn, Daghrit, pret. Daghert, Daghertia, neg. Da naghrum.
Imbalordire, Ghésc kem, Na ehhsken.
Imbastire. Balìnum, Balinit, pret. Balinà.
Imbevere, *inumidire*. Terkem, *per inzuppare*, Namànum, Namànit, pret Namànd.
Imbevuto, Terkiria, Namàndia.
Imbiancare, Spi bekem.
Imboccatura *tra due monti*, Ghelii.
Imbrattare, Pis kem, Là utinum, La utinit, pret. Là utànd.
Imbrigliare, Laghaf kem.
Imbrogliare. Allosì kem, Sciàperzà cekem, *non sapere il modo di liberarsi*.
Imbrogliare, *mettere de' fastidj*. Tèskala cekem.
Imbrogliare, *far uno dubbioso*. Ahhirinum, Ahhirìnit, pret. Ahhiránd.
Imbroglione. Qodàm téskala.

Im-

Imbroglio - Téskala.
Imbuto, *strumento da travasare liquori* - Raat.
Imitare, *si servono li Kurdi di queste frasi, v. g. Io faccio come il tale*, Az cébekem sibi flan, *io vado dietro al tale* - Az du flàn ciúm.
Immaginare, *pensare*, Feker kem.
Immagine, Sura, Snréta, Sceke¹.
Immagine - Kenàr, Ràk.
Immaturo - Na búia.
Imminente - Vákt, Nezík 'l vàkt.
Immobile, *forte*, Mokúm, Kaim, Na levít, *non si muove*.
Immortalarsi, *farsi nome*, Nave ehr minit, *il nome sempre resta*.
Immortale, (*si fa verbo*) *non muore*. Na merìt, *sempre resta* - Ehr minit.
Immondo - Pis, Pisa, Neges.
Immondo, *animale morto da sè, o malamente scannato*, Meràr.
Immune - Māf.
Impadronirsi, *prender per se stesso*, Bu qo zapt kem, Bu qo stinum, stinit, *pret.* Bu qo stand.
Impallare - Kasók kem.
Impallato. Kasók kiria.
Impallidirsi. Spi búm, *per spaventarsi*, Tersúm, Tersít, *pret.* Tersà.
Imparare. Niscán boghrum, Bu qo bogrum, *per me stesso prendo* (*frase Kurda*).
Impastare - Avìr kem.
Impaurire - Tersinum, Tersínit, *pret.* Tersand, Tersà.
Impaurito - Tersá.
Impaziente - Be sabri, Be saber.
Impazzire - Dìn bùm, Dìn bit.

L   Im-

Impedire, *non permettere*, Na elùm, Na elit, *pret.* Na elà.

Impedire, *tenere occupato*, Mezúl kem.

Impedito, occupato. Mezùli, Scioghol aia.

Impegnare, *dar qualche cosa in pegno*, Ghrahni dem.

Impegnarsi, *ostinarsi* - Rkka boghrum.

Impegnarsi, *intromettersi a favore d'uno*, Medára le kem.

Impegnarsi, *far il possibile* - Bzàva tkem.

Impegno - Ghrahni, *impegno, onore di puntiglio*. Ghira.

Impegnoso - Qodàm ghira, Ghiratli.

Impertinente - Sciùma, Zeida kar, Be vakùfa.

Impertinenza - Be vakùfa, Zeidakarìa.

Imperio, *vedi comando*.

Impeto - Zor, Sbrì.

Impetrare, *supplicare* - Ivitkem, *per ottenere*, Stìnum, Stìnit, *pret*. Stand.

Impiastro - Màlgema.

Impiccare - Kanakìnum, Kanakinit, *pret*- Kanakànd.

Impicciare. *vedi imbrogliare*.

Impicciarsi *nei fatti altrui senza suo dovere* - Fazùlia tkém. Pezavàngh bum.

Implacabile - Nerm nàbit, *non s'ammollisce*, Ānnàt, *ostinato*.

Importare, *essere di conseguenza*, Kam ket, *neg.* Kam nàket.

Importunare - Āges kem.

Importuno, Āges.

Impossibile - Nabìt, Cenabit, Imkem nàbit.

Impostura, *vedi inganno, per calunnia*, Iftra.

Impotente (*si fa verbo*) *non può*, Penávaſtit, *pret.* Penavaſtà - Nescit, *pret.* Nescia.

Im-

Italiano, e Kurdo. 163

Impotente, *per il matrimonio* - Mer nìnā, *uomo non è*.
Impoverire, Fakir dehùm, Kalandér debúm.
Imprecare - Nefrìm dein.
Imprecazione - Nefrìm.
Impreſa - Damàn, Damàna.
Impreſa *d'un lavoro col patto di darli un tanto, finito che ſia*, Kabàla.
Impreſtare *una coſa*. āmanét dem.
Impreſtare, *denaro*, Dein kem.
Imprigionare, *vedi carcerare*.
Impronto - Kaleb.
Improvviſamente - Ghafléta.
Imprudente - Be ākel.
Imputare, *vedi calunniare, per incolpare, ſi ſervono li Kurdi di queſta fraſe, getto la colpa ſopra al tale* - Avesium ſer flan, *pret.* Avét ſer flan.
Inabilitare - Batàl cekem.
Innaffiare, *vedi adacquare*.
Inalzare, *v. g. una coſa da terra* - Ælinum, Ælinit, *pret.* Ælinà.
Inalzare, *farlo alto*, Belénda kem.
Inacquare, *vedi adacquare*.
Inargentare - Tām zif dem.
Inaſprire - Kerba levekem, Sel kem.
Inaſprirſi - Kerba vabùm, Sel bum.
Innavertenza. Be teker, Be deſt.
Incalcinare, *v. g. riſtabilire le muraglie con la calce*. Maléng kem.
Incamminare, *principiar una coſa*, Deſt bedém. Deſt bekem.
Incamminare, *prender il viaggio*. Reh boghrum, Reh boghrit, *pret.* Reh ghert.

L 2   In.

Vocabolario

Incantare, *mettere in vendita all' incanto* - Deſt dellàl fruhhſium, Deſt dellàl frukhſit, *pret.* Deſt dellàl fruhht, *per mano del banditore vendo*.

Incantare, *ſorprendere la mente* - Ākelemen ciò, *il mio cervello ſe n' è andato (fraſe Kurda)*.

Incantare, *far incanteſimo* - Sahhr ιkem.

Incanteſimo, *magia*, Sahhr.

Incapace, *non può*, Penàvaſtit, *non ſa*, Nazànit, Neſcit.

Incapace, *ſenza intelletto* - Ahhmaκ, Befahm.

Incatenare - Zangiɾ κem, *per mettere in prigione colle catene* - Naf zangìr dem.

Incavare, Bŏκolum, Bòκolit, *pret.* Κolà.

Incavato - Κvlà, Κolulà, *ſcavato*, *v. g. un legno*.

Incenerirſi - Kolì debìt, Kolì bù.

Incendio - Aghrì, Sotìa, Sot.

Incenſare - Boκùr κem, Boκùr dem, *per adulare, vedi adulare*.

Incenſo - Boκùr, Bſma.

Incerto - Mălùm nìna, Bellì nìna, Keſs nìna, *incerto, dubbioſo*, Ahhìr.

Inceſto - Zena, Ghana.

Inchiavare - Klil beκém.

Inchinare - Neſma beκém.

Inchiodare - Bſmar κem.

Inchioſtro - Ehhber.

Inciampare - Pe ànghavum, Pe ànghavit, *pret* Pe ànghàft

Incitare, *muover la collera* - Sélkem, Ghermaκem, Ahhr κem.

Incivile - Be mărifèta.

Inclinare - Del cit, *il cuore và*.

Incognito, *uomo traveſtito* - Tebdìl.

Incognito, *neſſuno ſa*, Kes ɲezànit.

Incollare - Maſirinğ κem, Maſirinğ dem.

In

Italiano, e Kurdo.

In collera, *vedi adirato.*
Incomodare - Zahhmet dem.
Incomodo - Zahhmet, Sciàxiàt, *fatica.*
Incostante - Na vastit ser kabare qo, *non si ferma sopra la propria parola*, Navastit ser feker qo, *non si ferma sul proprio pensare (frasi Kurde).*
Incontrare, *andar all' incontro ad uno* - Beraika cium.
Incontrare, *dar nel genio* - Kabùl bum, *oppure si dice il tale ha piacere di me &c.* Flàu me àgexet, Flan me àzxet.
Incorruttibile - Karàb nàbìt, *non si guasta.*
Incredibile - Kes bavernàket, *nessuno crede.*
Increspare - Kermcì bum.
Increspato - Kermcì.
Incrudelire - Zalem kem.
Incudine - Sandàn.
Incurabile - Be àlàg; Cenàbit, *senza rimedio, non guarità.*
Indarno - Be faida, Batàl.
Indebitarsi - Deindàr bum.
Indebitato - Deindàr.
Indebolire. Zàifkem, Zabùn kem.
Indegno - Mestahhk nìna, *non meritevole.*
Indemoniato - Sceitàn aia, *ha il diavolo.*
Indicibile - Na et a ghot, *pret.* Na at a ghot, *non viene a dirsi.*
Indizio - Niscan, àlamét.
Indietro - Pasi.
Indifferente - Ammo iek, *tutto uno.*
Indigesto - àzem nàbit, *non si digerisce* - Ghrana bu màde, *pesante per lo stomaco.*
Indisizzare - Niscàndem.

L 3   In-

Indiscreto - Be márifèta, Be resa, Be meruehht, *troppo avido*, Tammã.

In disparte, *da una parte* - Kenàrek, Ardek.

Indisposizione - Drest nìna, Nasaka.

Indissolubile, *forte* - Mɔkúm, Kaìm, *per un gruppo indissolubile* -- Vek nàbit.

Indolcire - Cekem scirina.

Indolcirsi - Scirina bit, *pret.* Scirina bu.

Indorare. Tã n zer dem.

Indorato - Tám zer kiria, Ialdús kiria.

Indovinare - Vékavum, Vékavit, *pret.* Vekéft, *neg.* Venàkavum.

Indubitatamente - Be sck.

Indugiare *a venire* - Drengha tém, Drengha téi, *pret.* Drengha àt.

Indugiare, *non far presto una cosa*, Zu cenákem, Sciòghol drézia cekem.

Indulgenza (*de' Cristiani*) Ghofràn.

Indurare, Eska kem.

Indurarsi. Eskabit, *pret.* Eskabu.

Indurito, *secco* - Eska.

Industria, Sãnãt, Zanáia.

Industrioso, Sciàter, Zirék, Sãnàt kar, Zanàia.

Inedia, Bersìa, Ex bersìa sciàvàf bu, *dalla fame sono rilassato di forze*.

Ineffabile, *vedi indicibile*.

Inesperto, Nazanit, *non sà*, Na Gerobandia, *non ha sperimentato*.

Inestare, Patrùma kem.

Inestato, Patrùma kiria.

Inesto, Patruma.

Inezia, Jarìie, Kasmerìàt.

In faccia, *dirimpetto*, Makabil.

In

Italiano, e Kurdo.

In fallò, Be deſt, Befeker.
Infamare, *rompere l'onore*, Arz B,skinum, arz b,skinit, *pret.* arz skand, arz karab kem.
Infamato, Arz skeſt, Be arz kiria.
Infame, Be arz, Be nàve, Nàve Karàba, *nome cattivo*.
Infangarſi, là,utinum, là,utinit, *pret.* là,utaud.
Infante, Kuru piciùk.
Infaſtidire, ages kem.
Infedele, *traditore*, Kain, *ſenza fede di Dio*, Kafer, Be dine.
Infelice, *povero*, Be ahhl, Rùt, Kalander.
Infelice, *diſgraziato*, Be bakt, Tala karàba.
Inferiore *d'età*, Piciùkter, *di qualità*, Karàbtera, *di prezzo*, Kiméta kimà.
Inferiore, *per luogo più abbaſſo*, Ziéri.
Infermo, Na ſak 1, Na quoſca.
Inferno, Geehnnam.
Infiammare, *vedi accendere, abbruciare*.
Infiammare, *infuocare, v.g. un ferro*, Sòr kem, Gherma kem.
Infilare, Dersì rakém.
Intimo, *ultimo*, Du màia, paſi ammo, *infimo di valore &c.* Kimter.
In fine, Du màia, Paſi.
Infiniro, Be asàb, Be kalàs.
Infino, Ahhtta.
Infuocare, Sor kem, *per abbruciare, vedi ſopra*.
Infuocato, Sor kiria.
In fondo, Beni.
Informarſi, Peſciàr kem.
Infracidire, Ghenibit, *pret.* Ghenibù *in 3. perſona*.

Infrangere, B.skìnum, B,skinit, *pret.* Skand, *neg.* Na skìnum.

In fretta, Zu, Beléz.

Infruttuofo, *una pianta che non fa frutti*, Feki nàket.

Infruttuofo, *terreno abbandonato*, Baiàr.

Infruttuofo, *animale sterile*, Staùra.

Infondere, *mettere una cofa nell' acqua*, Namanum, Namànit, *pret.* Namànd.

Infuriare, Ahhrkem, *infuriarfi*, Ahhrbùm.

Infusione, Namàndia.

Ingagliardire, *prender forza*. Kuét boghrum.

Ingannare, Ahhilàt kem, Læbi kem.

Inganno, Ahhilàt, Læbi.

Ingannatore, Ahhilàt kar, Lēbi kar, Ahhiàl.

Ingegnarfi, *maneggiarfi*, Bzàvakem.

Ingegno, Āĸel, Fahem.

Ingegnofo, Fahim, Zirék, Sciàter.

Inghiottire, Davìrum, Davìrit, *pret.* Davità, *neg.* Na davirum.

Inginocchiarfi, Ser Kodka derùnum, *fopra le ginocchia sto*.

In giù, Nesif.

Ingiuria *con parole*, Dufcium.

Ingiuriare, Dufcium dem, *per danneggiare l'onore*, ātz skinnm.

Ingiuriofo, *fatto a difpetto*, Pekàst.

Ingiustizia, Be ahhk, Be fciériāt, Drest nina, Ahhk nina, Ansáf nina.

Ingiusto, Be ansàf, Ansáf ninà.

Ingiusto, *cattivo pigatore*, Cirúĸ.

Ingrandire, Mazén ĸem, Mazén beĸem.

Ingraffare, ĸalàu ĸem.

Ingrato, Be márifèta, Be menét, Be del,

Ingravidare, Ahmel ĸem.
Ingravidarſi, Ahmel bùm.
Inguine, Auĸozin.
Inimicare, Duſmàn be ĸdm.
Inimico, Duſmàn.
Iniquo, menáfaĸ, Iaramàz.
In lungo, Drezia, Drezdia.
In luogo mio &c. Sciùna men.
Innamorarſi, *amare con paſſione veemente*, Aſçaĸ bum, Aſcĸ bum.
Innamorarſi, *amare, volere uno*, Del cit, *il cuore va* T,vèm, *voglio*.
Innamorarſi, *tempo di amore delle capre ſelvatiche*, Zarmàne ghunéla.
Innamorato, Aſçàĸ, *innamoramento delle cavalle*, Talàb.
Innocente, *ſenza peccato, cuore pulito, cuore bianco*, Be ghuna, Del ſafi. Del ſpi.
Innumerabile, Be asab.
In ogni luogo, Ammo gé, Ammo ard.
In ogni tempo, Ehr vaĸt.
In poter mio, Deſte men.
In preſenza mia, Ber men, Az ahhzèr, *io preſente*.
In quà, Erva.
In qual modo? Ciàva?
In quel modo, *come quello*, Sibi avì.
In queſta parte, Au ĸenàr, Erva.
In quella parte. Lùe.
In queſto modo, Au réngh.
In queſto luogo, Era.
Inquieto, *naturale torbido*, Be tablàt, Tablàt àges.
Inquieto, *che non può ripoſare*, Rahat nina, Tanà nina.
Inſaccare, Naf gioàlĸ dèm, *metto dentro al ſacco*.

In-

Insalata, Salàta.
Inscrizione, Tavarìk.
Insegnare, Niscán dem, Talúm dem, Aleminum, Aleminit, pret. Alemánd.
Insegnare *a leggere*, Bokoinum, Bokoinit, *pret.* Koend, koéndia, *neg.* Na koinum.
Inseguire, Ciùm dú, Cit du, *pret.* Ciò du, *vado a dietro*.
Insellare, Zin bekem.
Insensibile, *senza fastidio*, Be kama, kama nina.
Insidiare, *far inganno*, *vedi ingannare*.
Insieme, Pékua.
Insipido, Be tăm.
Insogno, kahhum, *monosillaba si pronuncia*:
Insolente, Sciùma, Zeida kar, Be vakùfa.
Insolito, *senza usanza*, Be resa.
Inspessire, Tira cekem.
Inspirare, Del bezit, *il cuore dice*, Iddio inspira, Qodé del ruhn ket, *Dio fa il cuore illuminato*.
Ispirazione *divina*, Qodé del ruhn ket, *Iddio il cuore illumina*.
Instabile, *vedi incostante*.
Instare, *domandare*, Koàsium, Koàsit, *pret.* Koàst, *neg.* Na koasium.
Instruire, *vedi insegnare*.
Insuperabile, Kes penàvastit a flàn &c. *nessuno può al tale &c.* (*frase Kurda*) Kes ber flan navastit, *nessuno si ferma avanti al tale*.
Insuperbirsi, Sere qo belénda kem, *alzo la testa*, Kobrìa boghrum, *prendo superbia*.
Intagliare, Nakàfc kem.

In-

Intagliare *colle forbici*, Mokàskem, Mokàsinum, Mokàsinit, *pret.* Mokasànd.
Intagliato *colle forbici*, Mokasàndia.
Intelletto, Fahm, Àkel.
Intelligibile, Kefsa, Sanài, Ammo fahm ket, *tutti intendono*.
Intendente, Fahìm.
Intendere, Fahem bekem.
Intendere, *far intenzione*, Nièhht eekem.
Intendimento, Fahm.
Intenerire, Nerma be kem.
Intenerirsi, Nermabùm.
Intenerirsi, *diminuire la crudeltà*, Del nerma bit, *il cuore diventa tenero*.
Intenerito, Nerma bù.
Intenzione, Niehhta.
Intercedere, *interporsi*, Medàra tkem, Ivi tkem.
Intercessione, Medàra.
Intercessore, Medàraci.
Interiore, Ziòr, Nàf dà.
Interiore, *parlando di due paesi dello stesso nome relativamente all' altro avanti*, Ziori.
Interiore, *cioè budella*, Rivì.
Intero, Tamàm.
Interpretare, Turcimàn kem.
Interprete, Turcimàn.
Interrogare, Pesciàrkem.
Interrogazione, Pesciara.
Intestini *per budella*, Rivì.
Intestini *per li testicoli*, Rotlàn.
Intoppare, *vedi inciampare*.
Intorbidare, Sciellù kem.

Intorbidato, Sciellù, *per uomo non quieto*, Tekel, Drest nina, Keif dresta nina.

Intorno, Ciahr kenár, *a quattro parti*.

Intramezzare, Béin dem.

Intramezzare, *dividere una camera colle tavole di legno*, Daràba dem.

Intramezzare, *dividere in due parti uguali*, Nif kem.

Intrigare, *vedi Imbrogliare*.

Intrigato, *non saper liberarsi dagl' imbrogli*, Allosì, Scia perzà.

Intrigo, Téskala.

Introdurre, *v. g. uno avanti ad altra persona*, Inum ber, Init ber, *pret*. Inàber.

In vano, Be faida.

Invecchiare, Pir bùm, Pir bit, *pret*. Pir bù.

Invecchiato, Pira, Pir bu.

In vece, Sciuna, Sbel.

Inventare, Sanàf kem.

Inventare, *far i conti della roba, e numerarla*, Asab kem, Deftar cekem.

Inverno, Zevestàn.

Inviare, *mandare*. Verer kem.

Invidia, Ahhsùdìa.

Invidiare, Ahhssùd kem.

Invidioso, Ahhfsùd.

Inviluppare, *v. g. fare una palla di filo, o cordicella*, Balinùm, balinit, *pret*. Balinà.

Inviluppare, Pecium, Verpecium, Verpecit, *pret*. Verpecia, Pecia, *significa anche piegare*.

Invitare, *chiamare*, Ghazì kem.

Invitate a pranzo, Mevàn kem, Azàm kem.

Invito, Mevàn, Mevánie, Azàm, azamìe.

Inumidire, Ter tkem.

In-

Invocare, *domandare ajuto*, Cekem avàra, *faccio grida di soccorso*.
Inutile Befaida, Batàl, Batàl, Bu ciù nina.
Io, Az, *nel preterito attivo, e presente passivo*, Men.
Io stesso, Az bu qo.
Ipocrisia, Riah; Du del, Du ru, *due cuori, due faccie*.
Ira, Kerba.
Iride *celeste*, Kesck u sór, *verde e rosso, termine Kurdo*.
Iride (*erba*) Scüsen.
Irragionevole, Akel meròvi nina, *non è cervello di uomo*, be ahhk, *senza ragione*. Ansaf nina.
Irregolare, *senza ordine, senza capo &c.* Ber ser u ber.
Irrimediabile, Be dermàn. Alág nìna, Be álág.
Irremissibile, Beghofrán, Alág nina.
Irrevocabile, Batàl nábit, *non si sospende*.
Irruginire, Ziénk boghrit, *pret*. Ziénk ghert, *ruggine prende*.
Irrisoluto, Ahhìr.
Irritare, Istizzare, Sel kem, Kerba levekem.
Istizzare *li cani*, Bokorinum, Bokorinit, *pret.* Koránd.
Isola, Gezira.
Istoria, Tavárik.
Isterico, Bokat mala piciùk, *vapore della casa de' fanciulli* (*frase Kurda*)
Istrice, *porco spinoso*, Sikor, *per Erinaceo*, Susì.
Istrione, *vedi Ciarlatano*.
Iterizia, Zehrakán.
Ivi, Era, Lera.

L

La', Lúe.
Labbro, Dév'.
Lacca, Lek.
Lacciare, *gruppare*, Ghrébdem, Ghrébdei, *pret.* Ghrébda, *neg.* Ghréb nàdem.
Lacciare, *mettere i lacci per prendere gli animali, ed uccelli*, Dàf devekem.
Laccio, *per gli animali*, Dáf.
Ladro, Ds, *o sia* Des, Ahhràmi.
Lago, Ghòl.
Lagrima, Runek.
Lagrimare, *piangere*, De ghirum, Ghirum, De ghirit, Ghirit, *pret.* Ghrit, Ghirià.
L'altro anno, Par.
L'altro jeri, Per.
L'altra volta, Giàra ber.
L'altra sera, Scevadì.
Lama *delle armi*, Tì.
Lambire, Alìfum, *oppure* Balìfum, Balifit, *pret.* Balifit, Balisà.
Lamentar, *querelarsi*, Ḡhazènda dem, Ḡhazenda kem.
Lamentarsi, *voce degli ammalati*, Nah nah kem.
Lamento, Ḡhazénda.
Lamento, *sospiro*, Nah.
Lampada Kandìl.
Lampeggiare, Brúsi tet, *pret.* Brúsi at, *lampa viene &c.*
Lampo, Brúsi.
Lana, Errì.
Lancetta, Nescter.

Lan-

Lancia, Rhm, o Rvhm.
Lanciare, *gettare la lancia*, Rhm ayésium, Rhm avésit, *pret.* Rhm avét.
Languido, Zāif, Be kuet.
Languire, *essere senza forze*, Be kuet bum *andare in sincope*, Del boghrit, *il cuore prende*.
Lanterna, Fanùs.
Lapidare, Regem kem, Ergem kem.
Lapide *con iscrizione*, Tarik, *lapide sasso*, Ber.
Largare, Frà bekem, Pana kem, Cekem pana.
Largo, Frà, Pana.
Lasciare, *non portar via*, Beelum, Elum, Beelit, *pret.* Elà, *neg.* Na elum.
Lasciare, *abbandonare*, Sciàmerinum, Sciamerinit, *pret.* Sciàmeränd.
Lasciare, *v. g. di molestar uno*, Beziégherum, Beziégherit, *pret.* Bzieghèrià.
Lasso, *corpo affaticato senza forza*, Vaftà, Karmci, *lasso per la fame*. Sciaváf.
Lato, Tanéft.
Latta, *o sia tola*, Tanéka.
Lattare, Sciri dem.
Latte, Scir, Sciri.
Lartuca, Kas.
Latrare, *vedi gridare*.
Lavanda *di tutto il corpo*, Baláve, *far la lavanda*, Cekem baláve.
Lavativo, Okna.
Lavare, Buscium, buscit, *pret.* scuft, scustia, *neg.* Na buscium.
Lavato, Scuft, Scustìa.
Lavorare, Scioghol kem.
Lavoro, Scioghol.

Leb-

Lebbra, Ghorì, Pis.
Lebbroſo, Ghorì, Ghorì bú.
Leccare, Balìſum, Baliſit, *pret.* Balìsá, Baliſt.
Lecito, Ahhlál, Ahhlála.
Legaccio, *vedi cordella*.
Legaccio di ſeta, Keitàn.
Legare, Ghréb dèm.
Legato, *ambaſciadore*, Elci.
Legge *del Principe*, Pirmàn, *per fede*, Dine.
Legge, *antico teſtamento*, Toràt *nuovo teſtamento*, Angil.
Leggere, Bokoinum, Bokoinit, *pret.* Koénd, Koéncia, *neg.* Nakoinum.
Leggiero *di peſo*, Sevék.
Leggiero *d' intelletto*, Akel kimá, ākel fevék.
Legno, Dár.
Legno, *manico di pippa*, Bask kaliùn.
Lembo, Rak, kenár.
Lembo *delle veſti de' grandi* (*atto di riverenza*), Damána.
Lenitivo, *che ammolliſce*, Nerma tkét, *verbo*.
Lenticchie, Nìsk.
Lenzuolo *bianco*, Ciahr cief ſpi.
Lenzuolo *di colore*, Ciahr ciéf.
Lenzuolo, *o ſia ſindone per li morti*, Kefen.
Leone, Scier.
Lepre, Ki,vrisk.
Leſto, Sciàter, Zirék, Ehhsiàra.
Lettiga, Taktaravàna.
Letame, Zibel.
Letargo, Ghavar bú, *è divenuto ſenza ſentimenti*.
Lettera, *carattere*, Kat, Ahhrf.
Lettera, *epiſtola*, Maktúb.

Letto, *da dormire*, Nevìn.
Letto *dal verbo leggere*, Koéndia.
Levantino, Sciàrki.
Levante, Sciark.
Levare, Elgherum, Elgherit. *pret.* Elgherr.
Levarsi *in piede*, Rabum, Deràbum, Rabit, *pret.* Rabù, *neg.* Rànabum.
Lesina, Drésk.
Lezione, Ders.
Liberale, Sakī.
Liberamente, *senza soggezione*, *senza proibizione*, Bè kàida.
Liberare, Kalàs kem.
Liberatore, *si fa verbo, cioè che libera*.
Liberatore, *negl' impegni, o pericoli*, Baravàn.
Libero, *non maritato*, Azeb, àza.
Libero, *schiavo rilasciato*, Aza kiria àza.
Libero *di volontà*, Keifa qo, *a suo piacere*.
Libro, Ketéb, *si dice anche* Mesàf, *ma questo nome l'usano solamente per esprimere l'Alcorano, che in astratto lo dicono il* Libro, Mesàf.
Licenza, Dastùr.
Licenziare, Dastùr dem.
Licenziarsi, *domandar licenza*, Dastùr Koàsium, Dastùr Koàsit, *pret.* Dastùr Koàst.
Lido, Kenàr ave.
Lievito, *fermento*, Avir turfìa.
Lima, Màbred.
Limare, Mabrèt kem.
Limite, *confine*, Tokóbi.
Limone, Leimùn.

Linea, Kat.
Linea *di libro*, Res, *con l' e largo*.
Lingua, Azmàn.
Linguaggio, Loghát.
Lino, Kiàn.
Liquefare, *v. g. il butiro*, Ruun kem.
Liquefarsi *della neve, e del piombo al fuoco*, Ehhlbit, *pret*. Ehhlbú.
Liquefare, *v. gr. la cera*, Boosium, Boosit, *pret*. Boost.
Liquerizia, Mekuk.
Liquido, Ruuna.
Liquore, *bevanda*, Sciorbét.
Lisciare, Ellùtkem, ellúbekem, *per pulire*. Pakásc kem.
Liscio, Ellù.
Litargirio, Merdaseng.
Lite, Scér, Adávát.
Litigare, Scér tkem, Adávàt kem.
Litigioso, Scérrét, Scérréta.
Lodare, Metta kem.
Lode, Metta.
Lode *a Dio*, Scùker Qodé, *Dio ringraziato*.
Lodevole, Kangia, *cioè buono*.
Loggia *all' uso de' Kurdi con le colonne di legno*, Seffa.
Loglio, *erba nota*, Zivàn.
Logorare, *stracciare*, Derinum, *oppure* Dederinum. Dederìnit, *pret*. Driánd, Drìa, *neg*. Naderinum,
Logoro, *stracciato*, Drìa, *vecchio*, Kahúna, *v. g. moneta*. Ellu. *v. g. pietra*, Maiibú.
Lontano, Dura.
Loquace, *eloquente*, Qodám kabár.
Loquace, *ciarlone*, Ghalàg.

Luce, Ruhnáia, Ruhn.
Lucerna, Cirái.
Lucchetto, Kfi, Kfel.
Luglio, Tìrma.
Lume, Ruhnáia.
Lumino, Cirái.
Luna, Aìf.
Lunedì, Du fciámbì.
Lungo, Drézia.
Luogo, Gé, Mekán.
Luogo comune, *cioé cacatojo*, Cefma, Gè deft nevefia, *luogo di purificarfi*.
Lupo, Ghùrgh.
Lufingare, *indurre con buone parole*, Kabar quofca dem, *vedi ingannare*.
Lufinghe, Kabar quofca, *parole buone, per inganno, vedi inganno*.
Luffuria, Zena, Ghana.
Luffuriofo, Zenakar, Iz, Del aia a ghana, *il cuore ba alla fornicazione*.
Luftrare, *pulire*, Pakafckem, *lifciare*, Ellù cekem.
Luftro, Pakafc, *lifcio*, Ellù -

M

MA - Amma.
Macchia - Penì.
Macchia *d'immondezza*, Pifa, Láutànd, Làuti.
Macchia, *o fia fegno d'una goccia d'acqua, che cafca fopra un panno nuovo*, Daáin.
Macchiare - Penì cekẹm, Pis kém, Lá,utinum, La,utìnit, *pret*. Lá,urànd.

Macchinare, *penfare*, Feker kem, Takmìn kem.
Macellare, *uccidere*, Kufium, kufit, *pret.* kuft.
Macellare, *diftruggere un efercito*, Kùtкem, *paffare à fil di fpada*, Ber fcir dem.
Macellaro, Kafsàb.
Macina *da molino*, Ber afcia, *il Ber con l'e ftretto*.
Macina *per le lenti, o confimili da mano*, Deft dár.
Macinate, Beérum, Beérit, *pret.* Erá.
Madre, Dài, Dáika.
Madreperla, Sedáf.
Madrigna, *moglie del padre*, Zen bab.
Maeftro - Mãlem.
Maeftro *di qualche arte*, Oftà, *perito nell'arte*, Oftàkar.
Magagnare, *vedi ingannare*.
Magazzeno *di grano*, Ahhmbár.
Magazzeno *d'altre cofe, lo dicono cafa, o bottega*, kã-ni, Dukán.
Maggio - Ghulàn.
Maggiorana - Bezeranghúfç (*termine di Moful*).
Maggiore - Mafter.
Magìa, Mago - Sahbr.
Magro - Žãif, Zabùn.
Mai - Kút, Ciú giàt.
Majolica - Aznìk.
Malattia, Nafãka.
Male - Alléta.
Malaticcio - Na fãka, Na quofca, Allédar.
Mal contento, *non foddisfatto*, Razì nìna.
Mal creato, *vedi incivile*.
Male, *non bene*, karába, Kangia nìna.
Male, *per fanità*, *vedi Malattia*.
Male, *cioè dolore*, Efsá.

Mal cadúco - Demìn.
Malfrancese - Frangh zahhmét.
Maldicente - G͞háibet kar.
Maledetto - Mālaún.
Maledire - Nālét kem, *per imprecare*, Nefrìm dem.
Maledizione - Nālét, *imprecazione*, Nefrìm.
Malfatto - Kangia nìna, Spèi nìna, K͞arába.
Malfattore - Iaramàz, k͞arába, Be térsá Qodé, *senza timore di Dio*.
Malgrado, *a dispetto* - Pekáſt.
Malignare, *far l'oſtinato*, A͞inatkem, *per invidia*, Ahhsúd kem.
Malinconia, Séuda.
Malinconico - Tabiát feúda, Vax͞am.
Malizioſo - k͞abìt, Scéitan (*Diavolo*).
Mallevadore - Kafil.
Mallevare, *far ſicurtà*, Kafil kem.
Malva - *erba*, Tòlk.
Malvaggio - k͞abìt, Iaramàz.
Mal volentieri - Be dél, *senza cuore*, Koték, *per forza*.
Mammella - Cicièk, мамék.
Mammana, *oſtetrice*, Daipìra.
Manaja - Bever,
Mancamento, *delitto*, Ghùna.
Mancamento *di forze*, Zāìf, Be kvét, Zabún.
Mancamento, *eſſere di meno*, Kìma.
Mancare, *far delitto*, Ghùna kem.
Mancare, *eſsere di meno*, Kìma aia, *prer* Kìma bú.
Mancare, *non venire*, Na ém, Na éi, *pret.* Na át -
Mancare, *non eſsere preſente*, Ahhzer nàbum, *pret.* Ahhzer nabù.

Mancare, *atto di ammirazione, cioé, bisognava &c.* Lazem, Augé bit, *pret.* Auge bú.

Mancare *di parola, mentire*, Dràu tkem, *si servono anche di questa frase: Sulla propria parola nou sto*, Ser kàbara qo na vastùm.

Manchevole, *mancante*, Kima.

Mancino - Cep.

Mandare - Verer kem, Enérum, *oppure* Deenérum, Deenérit, *pret.* Enàr, *neg.* Na enérum.

Mandare *a chiamare uno*, Verer kem a tà.ba, Deenérum a tálba.

Mandatario, *che v ad esiggere le avanie*, Ambáscar -

Mandole, *pianta*, Baìf.

Mandole, *frutto*, Kakelle baìf, Kakl baìf.

Mandra - Karek.

Màndra *di lupi*. Rava ghurgh.

Maneggiare *un affare*, Debber kem, *regolare*, Tetbir kem.

Maneggio - Débbera.

Mangiare - Bokum, Bokoi, Bokot, *pret.* Koár, *neg.* Nakum.

Mangiatoja - Afer.

Mangeria - Zàdi, Ghrari.

Manico *d'un'arma, o d'altro*, Deft, Deftek.

Manico *d'una tazza, o bicchiere*, Ciambel.

Maniera, *costumanza* - Resa, Adét, *per civiltà*, Márifét.

Manifestamente - Askara, Kfsa.

Manifestare - Kfs kem, Askara tkem.

Manifestare, *far lo spione* - Cioghlol tkem.

Maniglia (*armilla*) Bazink.

Manipolo *di fiori* - Deftek kulilk.

Manipolo, *in genere*, Deftek.

Man-

Manna - Ghazó.
Mano - Deſt.
Manomettere, *principiare un lavoro*, Deſt pekem.
Manſueto - Fakìr, Be denk, Be ghazenda, Sergherdan, Tānúl.
Mantello - Barāni, Ser adìt.
Mantenere - Qodàm kem.
Mantice-Umbán, Munfak, *più grande per le miniere*, Kuri
Manto, *con cui ſi cuoprono le donne* - Ciàrk.
Maraviglia - Agiaib, Tamáſca, *coſa curioſa*.
Maravigliarſi, *ſi ſervono di queſte fraſi*: mi è, o è ſtato di maraviglia, Agiaib men bit, *pret*. bù, il mio intelletto va, è andato, Akel e men cit, *pret*. ció.
Marcia, *putredine* - Adàp.
Marciare, *vedi Camminare*.
Marcire - Ghenì bum, Rezì bum.
Mare, Bahhr.
Mareſcalco - Nālbenda.
Mareſciallo - Ser ásker.
Maritarſi, *prender marito*, Sciú kem.
Maritarſi, *prender moglie*, Zen inum, zen init, *pret*. zen inà, Mer kem.
Maritato, Zen aia, Zen inà.
Maritata - Sciù kiria.
Marito - Mer.
Marmo - Marmar.
Martellare, *battere col martello* - Ciákug kottum, *pret*. Ciákug kottà.
Martello - Ciákug.
Martedì - Seh ſciámbì.
Martire - Sciāid.
Martora, *animale* - Samúr.
Maſchio. Ner.

Masticare - B,giùm, B,gìt, *pret.* Bgiú.
Mastice - Mstékki.
Massimo. Ter mazén, Master ammo.
Matrice - Mala piciúk, *casa del fanciullo*.
Materazzo - Nalìk.
Materia, *qualche cosa* - Testek, Mal (*robba*).
Matrimonio, *nozze* -- Davàt, *per maritarsi, vedi il verbo*.
Mattina - Sobahhi.
Matto - Dina.
Maturare - Cebit, *pret.* Cebù, Bit, *pret.* Bùia.
Maturare, *pensar bene* - Kangia feker kem.
Maturo - Bù, Bùia.
Mazza - Tupùzı.
Mazzo *di fiori* - Destek kusìlk.
Me, mi. Men.
Meco - Ghel men.
Medaglia - Svora.
Mediare, *dividere in mezzo* - Nìf kem.
Mediare, *essere mediatore* -- Miánci debùm.
Mediatore - Miancì.
Medicare - Dermàn kem, Alág kem.
Medicina -- Dermàn.
Medicina, *scienza* - Ehhkema.
Medico - Ahhkìm.
Mediocre - Navengì.
Meditare, *pensare* - Feker kem, *prendere le misure necessarie*. Takmìn kem.
Meglio - Ceter, Cétera, Quoscter, Quóscetra, *più buono*.
Melanconia. Séuda.
Mela - Sef.
Mel granato - Enár.
Melone - Ghundòr.

Me-

Melodia - Mekáma, Mékáma kangia.
Membro virile - Kiri.
Membro, *una parte di cosa*, Vasal, *per persona attenente ad un corpo*, Iek ex &c. *uno di &c.*
Memoria - Bira, Zehen.
Memoriale - Arzal.
Mendicante - Sahhìl.
Mendicare, Sahhilkem.
Meno - Kìma.
Mensa - Súfra.
Menta, *erba domestica* - Nãnã, *salvatica*, Punk.
Mente - Adragh.
Mentire - Dráu kem.
Mentitore - Dravìn.
Menzogna - Dràu, *o sia* Duràu.
Mercantare - Bazàr kem.

Mercante - Bazárghan.
Mercante *del principe*, Sciahhbender.
Mercato - Bazàr.
Mercede - Ahhk, *stipendio*, Alùfa.
Mercoledì - Ciáhr sciàmbì.
Mercurio, *argento vivo* - Zibak.
Merda - Ghú.
Merenda - Fravìn.
Meretrice - Kahhbah.
Meritare - Mstahhk bum.

Meritare, *far cosa grata a Dio*, Kéira bu Qodé cekem, Qodé Kéirata benévisit, *Iddio scriva il tuo merito, frase Kurda per ringraziamento*.
Merito, *appresso gli uomini*, Mstahhk, *appresso Dio* - Kéira, Kangìa.
Mescola - Esciú.
Mescolanza - Tekelia.

Me-

Mescolare - Tekel kem.
Mese - Aìf, Mah.
Mefsa - Kodás.
Messe, *raccolta de' frumenti* - Dakla.
Mestiere - Sanát, kar.
Mesto, *afflitto* - Vakam, Be kéif.
Mestruì - Ser aìf,
Metallo - Mafrak.
Mettere - Dáinum, Dàinit, *pret.* Dáiná, *neg.* Na dáinum.
Mettere *due in confronto* - Rubári dem.
Mettere *sopra ai cibi qualche cosa polverizzata, v. g. cannella* - Peverkem.
Mezzo, *la metà*, Nìf, Nivi, Nivek.
Mezzo giorno - Nì, vro.
Midolla - Mezì.
Miele - Enghivin.
Mietere - Drum, Drut, *pret.* Drù, Drú kem.
Miglio, *seme noto*, Gharez, Taala (*panicchio*).
Migliorare, *far più buono, più bello* - Quósctet cekem, Spéiter cekem.
Migliorare, *star meglio di malattia* - Ceter bum.
Milantatore - Ghelak se asáb ket, *molto fa stima di sè*, Sere qo belenda, *testa alta*, Kobria, Maghrur, *superbo*.
Mille - Ahzar.
Milza - Tahhel.
Mina, *fuoco militare sotto terra*, Laghma.
Minaccia - Ghef, Tasìl, Tersá.
Minacciare, *metter paura di un castigo per fare emendare uno* - Tasìl dem.
Minacciare, *spaventare* - Tersìnum, *oppure* Detersìnum, Detersìnit, *pret.* Tersà, Tersànd.
Minacciare, *non mostrar paura di battersi* - Ghef lekem.
Minestrare, *mettere dal calderone nei piatti*, Ru tkem.

Mi-

Mineſtra - Sciórba.
Miniera - Māden.
Minio, *minerale* - Zerìkun.
Miniſtro, *procuratore*, Vakìl.
Miniſtro, *primo agente del principe* - Malkòi.
Minorare - Kim kèm.
Minore - Piciùkter.
Minuto, *a pezzetti* - Ur.
Minuto d'ora - Dakek.
Miracolo - Agiáib.
Mirare, *vedi Guardare*.
Mirare, *prender la mira per sparare*. Niſcàn boghrum.
Mirto, *pianta nota*, Mitek.
Miſcuglio - Tekel, Tekelìa.
Miſericordia - Rahhm, Rahhmet, Meruehhta.
Miſericordioſo - Qodám Rahhm, Brahhmet, Qodám meruèhht.
Miſero, *natural docile*, Meskin.
Miſero, *povero* - Fakir, kalander, Sergherdàn.
Miſſionario, *Apoſtolo* - Raſúl.
Miſtero - Srr.
Miſura, *braccio mercantile* - Ghez.
Miſura, *per il grano* - Ælbek.
Miſurare - Pivum, Pivit, *pret.* Pivà.
Mitigare - Kim kem, *mitigare un naturale* - Nermakem.
Mitigarſi *il rigore della ſtagione* - Nerma bìt, *pret.* Nerma bù.
Mitra - Tág.
Mobile di caſa - Amàni.
Modellare, *far ſtampe* - Kaleb cekem, *far una moſtra, del lavoro* - Andáſa cekem.
Modello, *ſtampa* - Kaleb, *moſtra di lavoro* - Andàſa.

Mo-

Moderare, *diminuire* - Kim kem, *raffrenare*, Zapt kem, *aggiustare*, Drest kem.
Modesto, Adep, Meskin.
Modo - Ters, *per usanza* - Resa, Adét.
Moglie - Zen.
Molestare, Zahhmét dem, *far fastidio* - Ages kem.
Molestia, Zahhméta, Agesia.
Molino - Asc, Asca.
Molino *da mano per rompere i legumi* - Dest dár.
Molla dell' *accialino da schioppo, o altro* - Pèr.
Molla *da orologio* - Zambarek.
Molle, *tenero* - Nerma, *facile a romperfi* - Nazéka.
Molletta *da prendere il fuoco* - Ghazék.
Mollificare - Nerma bekem.
Mollificato - Nerma bú.
Molte volte - Ghelak giàr.
Moltiplicare - Zeida kem.
Moltitudine, *confusione di gente*, Arbeda, kalabala.
Molto - Ghelak.
Momento - Dakek.
Monaco *dei Cristiani*, Rabán, *de' Turchi*, Darvisc.
Monarca, Kunkar, Sultan.
Monarca *di Persia* - Sciahh ágemi.
Monarchia - Orket, Orka, Memleket.
Monastero de' Cristiani - Der.
Mondare - Pakasckem, Tazakem.
Mondo - Dùnie.
Mondo nuovo, *cioè l'America* - Enghi dunie.
Mondo, *pulito* - Pakasc, Taza.
Mondo, *lecito*, Akhlál.
Moneta - Draf.
Montagna - Cià.
Monte - Cià.

Mon-

Monticelli *di pietra liscia disastrosi* - Kà,vrì.
Mordere - Ghezúm, ghezìt, *pret*. ghezà, ghez ledem, *pret*. ghez le dá.
Morire - Merùm, merìt, *opp*. Bémerum, bémerit, *pret*. Merìa.
Moribondo - Nesìk merìa.
Mormorare, Gháibét kem.
Mormorazione - Ghàibéta.
Moro, *negro*, Resc.
Moro, *pianta*, Tu, *altra sorte di foglie più grande, e dj frutti neri acidetti*, Tu sciámi.
Moroidi, *vedi Emmoroidi*.
Morsicare, *vedi Mordere*.
Morsicatura - Ghez, Gheza.
Mortajo - Aven.
Mortale - Merén, *per ferita mortale*, Kaùvi karàba, *assai cattiva*.
Mortale, *peccato mortale* - Ghuna mazén.
Mortalitá - Ghelak merén.
Morte - Merìa.
Mortificare, *levar le forze*, Be kuét cekem, *rilassare*, Sust kem.
Mortificare uno, *lasciarlo senza allegrezza* - Be kéif cekem.
Mortificare, *sbalordire*, Na ehhs kem, *per mollificare*, *vedi sopra*.
Mortificato, *uomo pien di vergogna per qualche colpa*, Ciav' sust, *frase Kurda, occhio rilassato*.
Morto - Merìa, Mér.
Mosca - Mesc.
Moschea *de' Turchi* - Musghefta, Gemá.
Mostacchi - Simbél, *cioè baffi*.

Mo-

Mostarda - Duscáf, *cioè mosto cotto*.
Molto, Scilia tri.
Mostra, *orologio* - Sāat.
Mostra, *segno* - Nìscan.
Mostra *delle pelliccie sopra l'abito d'avanti*, Zaghāra.
Mostrare, *insegnare*, Niscándem.
Mostro - Testeki kreta, *cosa brutta*, Āgiàib, *meraviglia*.
Mozzo *di stalla* - Erkép dár.
Mucchio. Giúm.
Mucillagine, Ghliza.
Muffa - Afúnk.
Muffare - Afúnk boghrit, *pret.* Afúnk ghertia, *oppure* Ghert.
Muggire, *vedi gridare*.
Mugnere *il latte* - Scir duscium, Scir duscit, Scir dut.
Mulattiere, *che porta a nolo*, Kéruedár, katercì.
Mulattiere, *che fatica stipendiato a portar legna* -- Karbenda.
Mulo - Ester.
Mulo *difettoso, che tira calci*, Ester sciambosc.
Muovere - Levìnum, Levìnit, Levànd.
Muoversi - Levúm, Levìt, *pret.* Leva.
Muraglia - Divár.
Muraglia *della città* - Súra, Beden.
Murare, *far una muraglia* - Divár cekem, *per chiudere forte*, Zapt kem.
Muratore - Ostà divàri.
Muschio - Msk, *quasi* Mvsk.
Musica - Musikì.
Mutande - Derpé.

Mu-

Italiano, e Kurdo.

Mutare - Ghoorum, B,ghooruim, B,ghoorìt, *pret.* Ghooſt, Ghooſtia.
Mutato - Ghooſtia, Ghooſt.
Muto - Lal.

N

Nacchera, *iſtrumento piccolo ad uſo di tamburo*, Nakàra.
Nano - Giùgi.
Narciſo, *fiore*, Narghìs.
Narancio - Narang.
Narrare, *vedi Dire*.
Naſare - Been bekem, *neg.* Been nakem.
Naſcere, *ſi ſervono del verbo eſſere, per preſente uſano il futuro* - Bùm, Bit, *pret.* Bu, Búia, *oppure della fraſe viene al mondo* - Tèt a Dùnie, *pret.* At a dunie.
Naſcere *delle piante* - Scin bit.
Naſcere *del ſole, cioè alzarſi* - Ruz ālìt, *pret.* Ruz ālàt.
Naſcita, *per parentela*, Ugìak.
Naſcondere - Veſciérum, Veſciérit, *pret.* Veſciàrt, Veſciàra.
Naſcoſto - Veſciara.
Naſo - Défn.
Natale, *giorno del naſcimento* - Mǎulùd, Milèd.
Natare, *ſopra l' acqua ſtare*, Ser avé vaſtum, Ser ave vaſtìt, *pret.* Set ave vaſtà.
Natura - Tabiã.
Natura, *membro virile* - Kiri.
Natura, *di femmina* - Kuz.
Naturale, *ſenza artificio* - Ex Qo, *da ſè ſteſſo*.
Nave - Markab, Ghamìe, Sfini.

Na-

Nave *sostenuta da otri* - Kalék, *quando è piccola*, Ahhbra.

Navigare. Ser ghamìe ciùm, *sopra la nave vado*.

Nausea - Tekelìa māde, *per vomito*, Elingia.

Nauseare - Māde tekel ket, *sconvolge lo stomaco*. Del karàb ket, *guasta il cuore* (frase Kurda), *per vomitare*, Elingia init, *pret.* Elingia-iná.

Nazione - Melléta, *per tribù* - Affiréta.

Nazione, *cioé rito*, v. g. *Latina, Greca, Nestoriana &c.* Taifa.

Nè - Na.

Ne *proposizione in vece di* in, Dangh, Naf.

Nebbia - Mès.

Necessario - Lázem.

Necessità - Mahhtag, kati lazem.

Necessitare, *far violenza* - Zor cekem, Kotek cekem.

Necessitato, *per forza* - Koték.

Nefando - kabìt, Iaramaz.

Negare, *non affermare* - Enkar tkem, *per non dare*, Nadém.

Negligentare, *non prendersi fastidio* - kama na élgherum, *non pensare*, Feker nákem.

Negligente, Be ghiréta, *senza zelo*, Astii ghrana, *ossa pesanti* (frase Kurda).

Negoziare - Bazàr tkem.

Negro - Resc.

Negromante - Sahhr.

Nemicare - Dusmán le kem, cèbekem dusmàn.

Nemico - Dusmàn.

Neo - Niscan.

Nè più nè meno, *quantitativo* - Na kima. na zéida, *per comunque sia, avverbio*, Belà.

Italiáno, e Kurdo.

Nepote *per parte di fratello*, Bráza.
Nepote *per parte di sorella* - Kvárza.
Nereggiare - Rengh resc boghrum, *color nero prendo*.
Nervo - Péi, *nervoso*, Peik.
Nessuno - Kes nìna, *alcuno non*.
Nessuna *volta* - Ciù giàr.
Nettare - Pakásckem.
Netto - Pakasc, Pak, Taza.
Neve - Báfer, *neve, ed acqua insieme* - Sciellùa.
Nevigare - Báfer tet, *pret.* Báfer at.
Neutrale, *né di questo, né di quello*, Na ex au, na ex avì.
Nidificare - Elin cekem.
Nido - Elin.
Niente - Nina.
Niente *affatto* - Kùtt, Ciù nina, *in Gezira dicono* Tu nina.
Ninnare, *muover la cuna de' fanciulli* - Behzinum, Ehzinum, Ehzinit, *pret.* Ehzand.
Nitro - Dermánc spì.
No, Na, Nina.
Nobile, *semplice signore* - Agha.
Nobile, *discendenza di Bassà, o Principi*. Bek zada.
Nobile, *discendenza di Maometto* - Serìf, Sãid.
Nocca, *giuntura delle dita* - Ghre t,pel.
Noce - Ghùz.
Nocevole - Zerer ket, Zerer det, *fa danno*.
Nocciuola, *frutto noto*, Bendak.
Nodo - Ghré.
Noi - Am.
Noja - ägesia.
Nojare - äges kem.
Nolo - Kérue.

N   No-

Nome · Náve.
Nominare, *dir il nome* - Nave bezium, *per metttere il nome ad una persona*, Navedem, Nave leeìnum, leeìnit, *pret.* Nave leeìnà.
Non - Na, Nìna.
Nonna - Avola, Dapìra.
Nonno, Avolo - Bapìr.
Norma, *vedi Modello*.
Notificare, *far palese* - Eskara tkem, *dar nuova*, Kabar dem.
Notizia - Kabar.
Nottare, *fermarsi di notte* - Scièf derúnum, Scièf derùnit, *pret.* Scièf runest, *neg.* Scièf runánum.
Notte, Sciéf.
Nottola - Ciàk ciàk kùla.
Novanta - Nud.
Nove - Nàh.
Novembre - Ciria pàsi.
Nozze - Davàt.
Nubile, *arrivato in pubertà*, Balàk.
Nudare - Rùs kem.
Nudo - Rús.
Nudrimento, *forza*, Kuèt.
Nudrire, *dar da mangiare*, Zàdi dem, *custodire*, Qo dàm kem.
Nulla - Nina, Ciù nina, Kutt.
Numerare - Esmérum, *oppure* Besmérum, Besmérit, *pret.* Esmárt, *neg.* Naesmérum.
Numerato - Esmárt.
Numero, *aritmetica*, Rakkam, *per far i conti*, Asàb.
Nunciare, *dar felici nuove*, Mesghìndem.
Nunciazione *di felici nuove*, Mesghin.

Nuo-

Nuocere - Zerer kem.
Nuora - Búka.
Nuotare - Malavàn kem.
Nuotatore - Malavàn.
Nuovità - Kabar nú.
Nuovo - Nù.
Nutrice - Dàin.
Nuvola - A,ura.
Nuvolarsi - Aura bit, *pret.* Aura bu, Aura peida bit, *pret.* Aura peida bú, *nuvola si trova*.
Nuvolato - A,ura bù.

O

O, *particola separativa*, Ia, *per domandare uno*, O, *li Jazidi dicono*, Lo lo.
Obbedire - Ghohedem, *do orecchia*, Kabar boghrum, *prendo la parola*, (*frasi Kurde*).
Obbediente - Ghohedar.
Oblazione *a Dio* - Korbàn (*vittima*).
Obbliare - Sbìr kem.
Obbligare, *sforzare*, Zor le kem.
Obbligato, *sforzato*, Zor bù, Zor kiria, koték, *obbligato*, *bisogno*, Lazem.
Obbligazione - Mēnét, *prender obbligazione*, Mēnét boghrum.
Obbligo, *usanza*, Kanun, Resa, Ādét.
Oblìo, Sbir.
Obliquo, *non diritto*, Kvàr, *per paesi, o strada in traverso nei monti*, Beruári.
Obbrobrio - Āib.
Occasionare, *ed occasione*, *vedi Cagionare*, *Causa*.
Occaso - Maghreb.

Occhiale - Ciéſmek.
Occhiare, *non perdere di viſta*, Ciàv le kem.
Occhiare, *con occhio torvo*, Ciàv' áveri le kem.
Occhiare (*ſuperſtizione de' Turchi*) *ed influire cattivi effetti*, Ciàvìn kem, *pret.* Ciàvìn kiria.
Occhio, Ciàve.
Occidentale - Maghrebi.
Occidere - Kuſium, kuſit, *pret.* kuſt.
Occiſione - kuſtia.
Occiſo - kuſt.
Occorrere, *andar all' incontro* - Ber aìka ciùm.
Occorrere, *biſognare*, Lazem.
Occorrenza - Kanghi lazem, *quando biſogna, o biſognerà*.
Occultare - Veſciérum, Veſciérit, *pret.* Veſciàr.
Occultamente, *naſcoſto*, Veſciàra, Veſciàr.
Occultamente, *ſenza rumore*, Be dénk.
Occupare, *prender luogo*, Gé boghrum.
Occupare, *lavorare*, Scióghol kem.
Occupare uno, *tenerlo a bada; cioè trattenere, e ritardare uno dal ſuo penſiere, dalla ſua impreſa*, Mezul kem, *il z ſi pronuncia come ſe gli foſſe unito dopo un* sc.
Occuparſi - Mezùli qo kem.
Occupato - Mezùli, Mezúl bu.
Occupazione - Scioghol, Mezùlia.
Odiare - kutt navém *affatto non amo*, Penàvaſtum bebìnum, *non poſſo vedere* (*fraſi Kurde*).
Odio - Del reſc, *cuore nero*.
Odioſo, *neſſuno lo ama*, Kes navèt.
Odioſo, *non grato*, Aſtii ghrana, *oſſa peſanti, cioè non garbato* (*fraſe Kurda*).
Odorare - Been bekem.

Odorato, *sostantivo*, Been.
Odore - Been, *sentir odore, distinguerlo*, Been sahht kem, *non aver senso dell' odorato*, Been sahht nâ kem.
Offella, Baklàva, *di pasta pura*, Sambusék, *piena di carne trita, riso, o altro*.
Offendere, *far del danno*, Zerer kem.
Offendere, *disgustare*, Ziz kem, Sél kem, *si servono anche di questa frase*, il cuore del tale resta (*s' intende disgustato*) Del flàn màia.
Offeso, Ziz, Ziz bú, Del máia.
Offerire, *metter avanti*, Dem ber, *pret.* Da ber.
Offerirsi *per cerimonie ai comandi di qualcheduno* -- Az ahhzer, *io pronto*, Az ber ta, *io avanti di te*, Az ahhzer kalmèta ta, *io son pronto ai tuoi servizj* (*frase Kurde*).
Officio, *carica, dignità*, Martaba, Paia.
Offuscare - Tarì kem.
Offuscato, Tari, Tari bù.
Oftalmia, Ciàv'kùl, *occhio piagato* (*frase Kurda*).
Oggi - Auro, Iro.
Ogni - Ehr, Ammo.
Ognunque - Ehr ki bit.
Ogni giorno - Ehro ehro, Ehr rvz.
Ogni ora, Ehr sãat.
Ognuno, Ehr kes, Ammo, *tutti*.
Ogni volta - Ehr giar.
Ohi - Ahi.
Oibó - Na na, Stoghfor allah.
Oimè - Vaai, Vaai.
Olio - Duna, Dun. Olio d'oliva - Dune zéitùn.
Olio di noce - Dune, Ghùz.
Olio di sesamo - Sering.
Oliva - Zéitún.

Oltraggiare, *strapazzare con parole*, Dufcium dem.

Oltre - Ghéir, Sbél.

Oltre di ció - Ghéir àu, Sbél àu.

Ombellico - Nafk, Nafka, Navek, *in mezzo (s'intende del ventre)*.

Ombra - Sibéri.

Ombreggiare - Sibèri tkem.

Ombrella - Kivèta delt, *padiglione da mano*.

Omicidio - Kuftia merovi.

Omiffione - Cenaker, Batalìa.

Oncino - Cinghàl, kalàba.

Onda - Mùg.

Ondeggiare - Mùg ket.

Onde - Ex au, *da questo*.

Onerofo, *pefante*, Ghrana.

Onestà, *compostezza*, Adep.

Onesto, *uomo di cofcienza*, Ahhlàl zada.

Onesto, *v.g.* un valore giufto. Anfaf.

Onnipotenza *di Dio* - Kadtéta Qodé.

Onorare - karàm kem, Iméta tkem.

Onore, *onoratezza*, Arz.

Onorante - Qodàm imétà, Qodàm karàm.

Onorato - Ahhli arz, *uomo di riputazione*.

Onorevolmente, *bene*, Spei, Speiàt.

Opaco - Tarì.

Opera, *lavoro*, Scioghol.

Operajo, *che lavora a giornate, o contadino, o muratore* - Pala.

Operare, *vedi* Fare.

Opinare - Takmìn kem, feker kem.

Opinante, *fi fa verbo, che opina*.

Opinione - Feker, Takmin.

Opi-

Opilazione, *oſtruzione* - Zapt, Ghré (*gruppo*).
Oppio - Aɦùn.
Opporſi - Ber ravaſtùm, Ber ravaſtit., *pret.* Ber ravàſtà, *mi fermo avanti*.
Opportunità, *tempo proprio* - Vakte qo,
Oppoſto, *parte a dirimpetto*, Makabila, *per parte di dietro*. Piſct, *o ſia* Pſct.
Oppreſſione - Žalem.
Opprimere - Žalem kem.
Obbrobrio - Aib.
Ora, *avverbio* - Nuk, Veghàve, Au vàkt,
Ora, *parte del giorno* - Sāat.
Orare - Nevéſia kem.
Orazione - Nevéſia.
Orbo, *cieco* - kor.
Ordegno - Aviſa.
Ordinare, *comando de' principi* - Firmàn kem.
Ordinare. *raccomandare* - Vaſſiét dem.
Ordinare, *ſovraintendere ad un lavoro*, *inſegnare* - Niſcan dem.
Ordinariamente, *uſanza* - Adét, Reſa.
Ordine - Firmàn, Vaſſiét.
Ordire, *lavorare al telaro* - Bir kem·
Ordito - Bir kiria.
Orecchia - Ghoh.
Orecchini - Ghohark.
Orefice - Zeringher.
Orfano - Jatìm.
Orgoglio - Kvbria.
Oriente - Sciàrk. Orientale - Sciarki.
Origine - Asli, Beniàt, *fondamento*, *origine de' fonti* - Ser kani, *teſta della fontana*.
Orina - Miz.

Orinare - Mizkem, Mizum, Mizit, *pret.* Mizt.
Orlare, *fare i contorni d'una veste per ornamento di diverso colore dell'abito* - Farùs kem.
Orlo - Farús.
Ornamento, *in genere, bellezza* - Speiàt.
Ornare - Kamelìnum, kamelinit, *pret.* Kamelànd.
Ornato - Kamelànd.
Oro - Zer.
Orologio - Sāt.
Orpimento - Zernik.
Orribile, *che spaventa* - Tersìnit.
Orrore, *spavento* - Tersà.
Orso - Erg.
Ortica - Ghazìngh.
Orto - Réz.
Orzo - G'èi.
Osceno - Zefer, Pis, Kaffavàt, Iz.
Oscurare, *vedi* Offuscare.
Ospitale de' matti - Mareſtan.
Ospitalità - Mevànie, *uomo che fa ospitalità per amor di Dio senza riguardo di persone* - Nan dàr Qodàm Keiràt.
Ospite - Biàni, Mevàn.
Osservare, *rimirare* - Binerum, Bìnerit, *pret.* Binerà, *oppure* Dit, *dal verbo vedere*.
Osservare, *per curiosità qualche cosa* - Tamaſcakem.
Osservare *le feste* - Ǣid boghrum, *la festa prendo*.
Osservante, *che fa la legge a puntino* - Soti.
Osso - Aſtii.
Ostaggio - Ghrahni.
Osteria - Meikāna.
Ostia, *per celebrar la messa* - Berſciàn (*termine de' Cristiani*)
Ostinarsi - Aſibum, *pret.* Aſi bu, Ainàt boghrum.

Osti-

Ostinato - Asi, Ainàt.
Ostinazione - Ainatìe.
Ostruzione, *vedi* Opilazione.
Otre - Mésck.
Otre, *fatto di corame a guisa di bisaccia per portar l'acqua sopra i muli* - Ravia.
Ottenere, Stìnum, stinit, *pret.* stànd.
Ottenuto - Stànd.
Ottanta - Ahsté.
Otto - Ahst.
Ottobre - Ciria ber.
Ottone - Scebbo, *ottone tirato in lastre* - Tanèka zer.
Otturare - Da ghrum, Da ghrit, *pret.* Da ghert, Zapt kem.
Otturato - Daghertìa, Zapta.
Ottuso, *uomo non intelligente* - Ahhmak.
Ottuso, *non acuto* - Tizia nìna.
Ove - Kiva, kinàve.
Ovo - Ek.
Ovo *cotto da sorbire* - Ek delma.
Ovo *cotto duro* - ék bràzt.
Ovo, *abusivamente, vedi* Testicolo.
Ovunque - Ammo ard, Ammo gé, Ammo kenàr.
Ozio - Batalia.
Ozioso - Batàl.
Ozzimo, *erba, o sia Basilico* - Riahn.

P

Pacciume - kassavàt.
Pace, *dopo l'inimicizia* - Solahh,
Pace, *aggiustamento di lite* - Pekàt.
Pace, *di fede* - Salàm.

Pacificare - Salahh tem, Pek ìnum, Pek ìnît, *pret.* Pek inà, Pekat.
Pacifico, *natural quieto* - Be zerer, Be denk, Fakìr, Meskìn.
Pachetto, *v. g. di lettere* - Bòkcia.
Padèlla. Aghlevì.
Padiglioni - Kivéta, Kivét.
Padre - Bab, Babo.
Padre, *Religioso Europeo* - Patrì.
Padrone - Baqo, *quasi* Baquó, Qodàm, *parlando ad un principe* - Sultanum.
Paesano, *uomo di villaggio* - Meróvi ghundàn.
Paese - Volaiàt, *per città*, Bascéra, *per villaggio*, Ghùnd.
Paga - Ahhk, Agréta, *per pensione*, Alúfa.
Pagano, *idolatra* - Sanàm peréſt.
Pagare - Ahhgréta dem, Alúfa dem, Ahhkdem.
Paglia - Kài.
Paglia *minutissima, che va negli occhi* - Zelkàie.
Pagnotta - Saúk.
Pago, *contento, soddisfatto* - Razì.
Pajo - Giót, *un pajo*, Giòtek, *due paja*, Du giót &c.
Pajuolo - Mangièl, Kazán.
Pala - Ber (*con l' e dolce*).
Palaggio - Serrài, Kaſſer.
Palanca, *colonna di legno* - Stún.
Palco - Takt.
Paleſare - Eskara tkem, Kefs kem.
Paleſe - Eskara, Kefsa.
Palla - Ghol.
Palla *da schioppo* - Berka Tefengh.
Palla *da giuoco di mano* - Tep.

Italiano, e Kurdo.

Palla *di neve* - Ghlomesk bafer.
Paletta *da fuoco* - Aſtif.
Pallido - Zer, Be rengh.
Palo - Kusìla, Stùn.
Palo, *per travetti da far ſoffitti all' uſo Kurdo* - Nirà.
Palo, *per impalare* - Kasók.
Palma, *frutto, vedi Dattili.*
Palma *delle mani* - Pana deſt, Naf deſt.
Palmo, *miſura della mano* - Boſt.
Palpabile - Ber deſt, *avanti alla mano, cioè in potere della mano.*
Palpare - Deſt bedem, Deſt bekem.
Palpitare - Lerzúm, Lerzìt, *pret.* Lerzà.
Palpitamento - Lerzà.
Palpebre Mezulànk.
Panca - Takt.
Pancia - Zik.
Panciuto - Zik ghré.
Pane - Nan.
Panettiere - Kabbas.
Paniera, *ceſto grande, ed alto da cuſtodire il pane* - Nandan.
Panno - Ciúk.
Pantano - Ehhrì.
Pantano, *fango attaccaticcio* - Tahhkni.
Pantera, *animale* - Uſek.
Paonazzo, *color violaceo* - Rengh benéfsca.
Papa - Papa.
Papavero - Botìnk.
Papagallo - Tùti.
Parabola - Misàl.
Paradiſo - Bachſet.

Para-

Paragonare, *mettere persone in confronto* - Rubàri cekem - Rubàri tkem.
Paragone *in confronto* - Rubàri.
Paramosche - Bavascàn.
Parata, *ornamento* - Kamelànd.
Parata, *cosa bella* - Speiàt.
Parato, *pronto* - Ahhzër.
Parco, *che mangia poco* - kim koarina.
Parente, *uomo di casa* - Meróvi mal.
Parente *d'una stessa famiglia* - Ez iek màl.
Parentela - Ugiàk.
Pargoletto - Kuru scir, *figlio da latte*.
Pari, *non disuguale* - Giót.
Pari *insieme* - Barabàr, Pékua.
Pariglia, *in vece* - Bedel.
Pariglia, *per vendetta* - Tola.
Prendersi *la pariglia, vendicarsi di qualche fatto* - Tola qo stinum, Tola qo stinit, *pret.* Tola qo stand.
Parità, *esempio* - Misàl.
Parlare - Bahhkavum, Bahhkovit, *pret.* Ahhkaft, Kabar dem
Parola - kabar.
Parlamento, *discorso* - Ahhkaftina,
Parpaglione - Balatif.
Parsimonia - Tetbìr.
Parte, *un pezzo* - Vassàl.
Parte, *porzione propria* - Bara, *far le parti, dar ad ognuno la porzione propria* - Bara dem.
Partecipare, *esser complice* - Scirìk bum.
Partecipe, *compagno* - Scirìk.
Partenza - Ciúna.
Partire - Ciùm, Deciùm, B,ciùm, Cit, *pret.* Ció.

Par-

Italiano, e Kurdo.

Parto *di donna, si fa il verbo fa, o ha fatto il fanciullo, vedi la* Grammatica.

Parto di bestie - Zà.

Partorire *di donna, usano la frase faccio il fanciullo* - Piciúk cekem.

Partorire *delle bestie* - Zit, *pret.* Zà.

Parzialità - Quoscter t,vem, Quoscter tevéi &c. *si fa verbo, l'amo di più &c.*

Pascolare - Ciàirìnum, Ciàirìnit, *pret.* Ciàiránd.

Pascolo - Ciàir.

Passaggiere - Msàfer - Biàni.

Passaggio - Rabóri.

Passaporto - Firman.

Passare - Boorum, Boorit, *pret.* Boor.

Passato. Rabóri, Boor.

Passato, *v. g. tempo passato, cioè i tempi d'avanti* - Zamáne ber.

Passeggiare - Gheriùm, *opp.* Begherium, Gherìt, *pret.* Gherià.

Passeggio - Gheriàna, *per andare a far qualche divertimento* - Séiràn.

Passero - Seviànók.

Passera solitaria - Scialulà.

Passione - Del zapr, Del vakam, *cuore chiuso*, Del sozit, *il cuore abbrucia* (*frasi Kurde*).

Passo, *misura, che si fa coi piedi* - Ghaf.

Pasta - Avìr.

Pasticcio - Baklava.

Pastinaca - Giezer.

Pasto - Test.

Pasto, *pranzo d'invito* - Mevanìe.

Pastorale *de' Vescovi* - Akàs.

Pastorale, *per bastone de' pastori* - Kopàl.

Paſtore *di pecore* - Sivàn.
Paſtore *di beſtie bovine* - Ghavàn.
Patena - Pilàs (*nome tra Criſtiani*).
Patente - Firmàn.
Patente *con un biglietto ſolo ſigillato* - Teskàra.
Patimento - Zahhmèt.
Patimento, *per fatica* - Sciàkiàt.
Patimento, *per dolore* - Eſsà.
Patire - Zahhmèt keſciún, Sciàkiàt keſciúm, Sciàkiàt keſcit, pret. Sciàkiàt keſcià.
Patria, *ſi nomina il paeſe, a cui s'aggiugne un* i, *così ſi conoſce di qual patria*, v.g. Moſul *città*, Moſul, Moſulino, Móſuli, *oppure s'aggiugne l'articolo* ez *da* Moſul ez Moſul.
Patriarca - Patrak, Abùna mazen, *il noſtro Padre il grande* (*nome preſo dai Criſtiani*).
Patrimonio, *ſtabili ereditati dal padre* - Melk bab, Màle bab.
Patrino - Karìb.
Patteggiare - Bazàr kem.
Patteggiare, *per ſcommettere* - Scért cekem, Scèrt boghrum.
Patto Bazàr.
Patto, *ſcommeſſa* - Scért.
Pavento - Tersà.
Pavimento - Ard.
Pavoneggiarſi, *ſtimarſi troppo* - Tehzinum, Tehzinit, pret. T,ehzand, *ſi antepone al verbo* me *in prima perſona, nella ſeconda* te, *nella terza* ſe, *oppure in comune* qo.
Pavone, *uccello noto* - Taùs.
Paura - Tersà.
Pauroſo - Tersók.

Pa-

Italiano, e Kurdo. 207

Pazientare - Saber bekem.
Paziente - Qodàm faber.
Pazienza - Saber.
Pazzo - Dina.
Peccare - Ghúnakem, Ghúna eekem.
Peccato - Ghúna.
Peccato *originale* - Ghùna aslìe.
Peccato *mortale* - Ghúna mazen.
Peccato *veniale* - Ghùna piciúk.
Pece - K̄ir.
Pece *liquida* - K̄aitràn.
Pece, *per bitume oleoso* - Naft.
Pecora - pàz.
Pecorina, *agnello* - Ber̄k,
Pecorone *di* 4. *anni* - Baràni.
Pecunia - Dràf.
Pedaggio - Bāg.
Pedagogo - Dado.
Pedata - Sciùna pé.
Pedine *per il giuoco di dama* - paià.
Pedeftre, e pedone - paià.
Peggio - K̄aràbtera, kavèltera.
Peggiorare - K̄aràbter búm, Kavéltera bum.
Peguo - Ghrahni.
Pegola, *vedi Pece*.
Pelare, *cavar la pelle* - Ghtuàr kem.
Pelare, *fpennare gli uccelli* - Verùskem, *pret.* Verùskiria.
Pelato - Ghruàr, Verùs kiria.
Pelle - Cièrma.
Pelle *d'una beftia con li peli, o lana* - Kavlà, kavel.
Pellegrino *de' Turchi alla Mecca* - Ahhgì.
Pellegrino *de' Criftiani a Gerufalemme* - Mok̄dafi.

Pel-

Pelliccia - Kurdì, kàvela, kavla.
Pelo - Mu.
Peloso - Tegì mù, *pieno di peli*.
Pena, *stento, fatica* - Zahhmét.
Pena, *castigo in denaro* - Gerìma.
Penare - Zahhmét kesciúm.
Pendere, *star attaccato in alto* - Alavìsa bum.
Pendere, *attaccare in alto* - Alavìsa dem.
Pendere, *essere storto* - Kuàr bum.
Pendere, *per soma che sta per rivoltarsi* - Scior bú.
Pendente, *attaccato in alto* - Alavìsa.
Pendente, *non diritto* - Kuàr.
Pendente, *per soma pendente da una parte* - Sciòra.
Pendio - Nesif.
Pendolo d'orologio - Rakàs.
Penetrare, *andar dentro* - Ciùm ziòr.
Penetrare, *andar in mezzo* - Nif ciùm, Nafdà ciúm.
Penetrato - Ció ziór, Nif ció, Nafda ció.
Penisola, *piccole pianure nelle valli, che si trovano sotto i monti circondate da tre parti da' fiumi* - Ciàmàna.
Penitente - Tobe kàr.
Penitenza, Tobe, *per soddisfacimento alla confessione* - Kanùn.
Penitenziare, *eseguire giustizia* - Ohhkma le kem.
Penitenziare, *in materia di confessiono* - Kanùn dem.
Penna - Per, *con l'e stretto*.
Penna da scrivere - Kalam.
Pensare - Feker kem.
Pensiero - Feker.
Pensione - Alùfa.
Pensione, *per mangieria in ispecie in luogo di denaro* - Tàin.
Pentirsi - Tobe kem, Idì nakem, *non lo faccio più*.
Pentirsi *di qualche contratto fatto, o opera intrapresa* - Pesemàn bum.

Pen-

Italiano, e Kurdo.

Pentito *de' peccati* - Tobe kiria.
Pentito *de' contratti, o altro* - Pesemán.
Pentola *di terra* - Disk.
Per - Bu.
Per, *cagione* - Katera.
Per, *in giuramento* - Pe, Pu, *v.g.*
Per questo pane - Pu au nàn.
Per Dio - pe Qodé, *dopo il p le vocali appena si fanno sentire.*
Pera - Armìk.
Per altro - Laken, Amma.
Perchè - Bòc, Boccìa.
Percossa, *ferita* - Brin.
Percossa *di bastone* - Sciùna dar, *segno del bastone.*
Percuotere - kottum, kottit, *pret.* Kottà, lebdem, *neg.* le nà dem.
Perdere - Bezra kem.
Perdere *nel traffico* - Kasurét kem.
Perdita *di negozio* - Kasurét.
Per *dietro* - Du, pasi, Pisct.
Perdonare *avanti Dio* - Kardana Āza kem, *io ti perdono (s' intende nel giudizio divino)* Kardàna ta āza kem; *che equivale nel nostro linguaggio* - Ti faccio libero dalla collana de' peccati *(frase Kurda).*
Perdonare, *non più pretendere* - Āfú kem, *si usa anche la frase:* Te la passo - Ta boorum.
Perdono, *indulgenza appresso i Cristiani* - Ghofrán.
Perduto - Bezrabù.
Perfetto - Kamel, Tamam, Kok, pak.
Perfezionare - Kamel kem, Tamam kem, Cekem kok, cekem pàk.
Pericolare, *esservi paura* - Tersá aia, *pret.* Tersa bú.

O   Pe-

Pericolo, *paura* - Tersá.
Per il passato - Ber aika, Zamàne bér.
Per l'avvenire - pasi, *da ora in appresso*, Edì péva.
Perire, *perdersi* - Bezra bum.
Perire, *per morire*, *vedi* Morire.
Perito, *pratico*, Sciàrazà.
Perito *in un'arte* - Ostakar, Ostà.
Perla - Mràri.
Permettere, *dar licenza* - Dastùr dem.
Permettere, *acconsentire* - Kabùl kem.
Per mezzo - Nif.
Per mezzo, *cioè per le mani del tale &c.* Deest flàn &c.
Permutare, *cambiare* - Ghoorum, Ghóorit, *pret.* Ghoost, Ghoostia.
Permutato - Ghoost, Ghoostia.
Pernice - Kàu.
Pernicioso - Zerer ket, *danno fa*.
Pernottare - Sciéf rúnum, *oppure* Derúnum, Sciéf derùnit, *pret.* Sciéf runést.
Per ora - Nuk, veghavè.
Perpetuo - Dèiman - Ehr maia.
Perplesso. Ahhìr.
Per questo - Kater' aú.
Persecuzione, *inimicizia* - Dusmanìe.
Perseguitare - Dusmán le bùm, *si servono li Kurdi per lo più di questa frase*: Dal tale non mi distacco - Ez flan vanabù, *per neg. cioè*: lasciar di perseguitare, Ez flan vàbùm, *pret.* Vabù.
Perseverare - Ehr sibi qo mìnum, Ehr sibi qo mìnit, *pret.* Ehr sibi qo máia, *rimango sempre l'istesso (frase Kurda)*.
Persia - Āgiam.

Per-

Persiano, *uomo*, Āgiami.
Persiano, *scrittura, o altro* - Ferſi.
Perſico - K̄ohhk, *frutto*.
Perſiſtere, *vedi* Perſeverare.
Perſiſtere, *per non moverſi*. Na levùm, Na levìt, *pret.* Na levì.
Perſona - Adam, Meróvi.
Perſpicace - Fahim.
Perſpicace, *nei maneggi* - Sciàter, Zirèk.
Perſuadere, *vedi* Conſigliare.
Pertica - Sciákla.
Pertugio - Kun.
Peſante - Ghrana.
Peſare, *eſſere peſante* - Ghrana bum.
Peſare, *bilanciare* - Tarazù keſciùm, Tarazù keſcit, *pret.* Tarazù keſciá.
Peſatore, *pubblico impreſario* - Qodam Kapàna.
Peſcare - Mahsi boghrum, *pesce prende*.
Peſce - Mahsi.
Peſo, *bilancia* - Tarazu. *Li peſi Kurdi ſono li ſeguenti:* 50. *dramme fanno un* vakie, *dodici* vakie *fanno un* mén, *quattro* mén *fanno un* kuntkar, *trenta* kuntkar *fanno un* kantàr.
Peſſimo - Ter K̄arāba, Ëx ammo kavéltera, Ëx ammo karābtera, *di tutti il più cattivo*.
Peſte - Tāùn, *li Turchi dicono anche* K̄eira, *in aſtratto, cioè beneficenza (che fa Dio)*.
Petecchie - Lìr.
Peteggiare - T,r kem, *ſenza rumore*, F,s kem.
Peto - T,r, *ſi pronuncia quaſi* Ter, *ſenza rumore*, Fs fs.
Pettinare - Scàbekem.
Pettine - Scá.
petto - Sìngh.

Pezza, *taccone*, Parefpan.

Pezza *involto di lino* - Top kettrán.

Pezza *involto di feta lavorata* - Top komàfc.

Pezza, *involto di panno* - Top ciùka.

Pezzente, *povero* - Kalandèr, Fakìr, Rùt, Sergherdán.

Pezzo - Vasàl.

Pezzo a pezzo - Vafàl vafal, *in pezzi minutiffimi*, Ur ur.

Piacere, *vedi* Aggradìre.

Piacere, *per defiderare, volere* - Āzkem, Āgekem.

Piacere, *divertimento* - Kéif, kéifie, Saffà.

Piacere, *per gufto de' fenfi* - Lāzét.

Piacevole - kéif det, Lāzét, *piacere dà*.

Piaga - Kuf, Brin.

Piagare, *far piaga* - kùl kem.

Piagato - kùl bù.

Pianare - Raft cekem.

Pianeta, *per celebrar meffa* - Bedli.

Piangere - Ghirùm, Ghirìt, *pret.* Ghrì.

Piano - Rafta.

Piano, *per adagio* - Ehdi.

Pian piano - Ehdi ehdi.

Pian piano, *con comodo far una cofa* - Ahmda qo.

Pianta, *arbore* - Dàr.

Pianta *di fiori* - Scetel.

Piantaggine, *erba*, Avezár, *foglie di piantaggine* Belk avezar.

Piantare, *e feminare* - Cinum, Cìnit, *pret.* Ciànd.

Pianto - Ghirì, Ghiriána.

Piaftra, *moneta Turca* - Ghvrùs.

Piaftra *dello fchioppo* - Ciàkmak.

Piat-

Italiano, e Kurdo.

Piatto - Langherie.
Piatto, *assai grande* - Stambulii.
Piazza - Midan, *per il luogo delle botteghe d'ogni sorte di mercato* - Sùk.
Picchiare, *vedi* Battere.
Piccione - koter.
Piccolo - piciùk.
Piccone - T,ver.
Pidocchio - Speh.
Piede - pé.
Piega - peciá.
Piegare, *v.g. un abito* - Verpeciùm, Verpecit, *pret.* peciá, *neg* Na peciùm.
Piegare, *v.g. una verga per fare un cerchietto* - Ciaminum, Ciaminit, *pret.* Ciamá, Ciamand.
Piegato - peciá, Verpeciá.
Piegato, *per inclinato* - Kuar kiria.
Pienezza *di stomaco, per aver mangiato spropositatamente* - Ahhmer.
Pieno, *aver mangiato spropositatamente* - Ahhmer bu.
Pieno, *cioè colmo un vaso* - Tegì.
Pietà, *misericordia* - Rahhm.
Pietoso, *misericordioso* - Qodàm Rahhm.
Pietoso, *cuore tenero* - Del nerma.
Pietoso, *per uomo, che fa molta orazione* - Nevésiakar.
Pietra - Ber, Bere, Bera.
Pietra d'acciarino - Ber stà.
Pietra, *che si cava dalle montagne in forma di tavole naturalmente* - Alàn, *e questo nome si dice anche all'istesso monte, che è composto di tali pietre per lo più vicino all' acque, che facilmente consumano tali pietre.*
Pigionare, *dare ad altri* - Kérue dem, *prender per se* - Kérue bstinum.

Pigione - Kérue.
Pigliare — Stìnum, *oppure* Bſtìnum, Bſtìnit, *pret.* Stand, *neg.* Na ſtìnum, Boghrum, Boghrit, *pret.* Gkert.
Pignatta - Disk.
Pigrizia - Kìslanìe, Be ghirèta.
Pigrizia, *senza zelo* - Aſtìi ghrana, *oſſi peſanti* (*fraſe Kurda*).
Pigro - Kislàn, Aſtìi ghrana.
Pila - Ghultà.
Pilaſtro *di pietra* - Amúd.
Pilaſtro *di legno* - Stun.
Pillola - Ahhb.
Pio, *vedi* Pietoſo.
Pio, *per ſervo di Dio* - Abed allah.
Piombo - Reſas.
Pioggia - Baran.
Piovere - Barit, Baran tet, *pioggia viene, pret.* Baran at.
Pipiſtrello - Ciàk ciakùla.
Pippa - Kaliùn, *il cammino della pippa* - Ser kaliùn, *il legno, o ſia canale della pippa* - Bask kaliùn, *il bocchino* - Modink, *coperchio* (*fatto a rete di ferro*) *del cammino*) - Serpósk.
Piſcia - Miz.
Piſciare - Miz kem, Mizum, Mizit, *pret.* Mizt.
Piſtare - Kottùm, Kottìt, *pret.* Kottà.
Piſtare, *fare in pezzi minuti* - Ur kem.
Piſtare *co' piedi, v. g. l'uva* - Da uſcinum, Da uſcinit, *pret.* Da uſcand.
Piſtola. Dabéng.
Piſtone - Deſt avèn (*manico del mortajo*).
Pituita - Balgham.

Piu

Piuma, *vedi* Penna.
Più (*quantitativo*) Zeida, Ehz (*paragonativo*) Ter, ma unito al sostantivo dopo, v.g. Più buono - Quoscter.
Piú presto - Zùtera, Zùter.
Piuttosto - Quoscter, Cétera (*cioè è meglio*).
Pizzicare - Koròngi dem, Korongi kem.
Pizzico - Koròngi.
Pizzicore, *prurito*, Koriàna.
Placabile - Del nerma, *cuore dolce*.
Placare, *render contento* - Razi kem.
Placare, *diminuire la collera* - Nerma bekèm.
Placato, *contento* - Razì.
Placato, *diminuita la collera* - Nermabù.
Placido, *che non fa danno* - Be zerer, Meskin, Fakir, *cioè povero di bile*.
Pleura, *o punta* - Bìverì.
Plico - Bokcia.
Poco - Piciák, Endùska.
Poco a poco - Piciàk piciàk.
Poco fa - Zamán nìna.
Poco fa, *per adesso*, *vedi sopra*.
Poco importa. Kam naket.
Podagra - Unék, *si dice questo nome per tutti i mali delle giunture*.
Podestà, *comando* -- Ahhkem, Ohhkma.
Podestá, *forza* - Kuét.
Podestá, *per potere* - Dest, v. g. questo è la mia podestà - Au destemen, *cioè sta in mano mia*.
Poeta - Scār.
Poesie - Béit.
Poi - Pasi.
Poichè - Pási ke.
Poliza, *scrittura* - Tàumasuk.
Pollastro - Ciúcialók.

Polluzione - Ahhtlàm.
Polluzione, *notturna in fogno* - Be deft nevéſia, *cioè immondo da poter far orazione*.
Polmone - Melák ſpì.
Polo - Kùtbì.
Polonia, *regno* - Leh.
Polpette - Kotélk.
Polſo - Náfzà.
Poltrone, *vedi* Pigro.
Polvete - Tvs, *con l' v quaſi* o.
Polvere *da ſchioppo* - Dermàne teféngh.
Polvere, *medicina piſtata da prenderſi coſi* - Sfüf.
Polverizzare, *mettere ſopra i cibi gli aromati in polvere* - Pever kém.
Polverizzare, *rompere qualche coſa minutamente* - Ur kem.
Pomo, *o ſia mela* - Sef, *con e largo*.
Pomo, *cotogno* - Beh.
Pompa, *ſuperbia* - Kobrìa.
Pompa, *per bellezza* - Speiat, Kamelànd.
Ponte *di legno* - Per, *o piuttoſto* Pr, *di pietra* - Kvprì.
Ponte *di barche* - Gézr, *con l' e ſtretto, cioè* G,zr.
Popolo - Kàlk, Ghelak meróvi.
Porcellana (*erba*) Perpiná.
Porcellana, *vaſi di terra della Cina* - Farfùri.
Porcherìa, *immondezza* - kaſſavát.
Porco - Baràz.
Porco *ſpinoſo* - Sikór.
Porgere - Dem, *oppure* Bedém, Bedéi, *pret*. Dà, *neg*. Nádem.
Porre - Daïnum, Daìnit, *pret*. Daìna.
Porta - Dergha.
Portare via - Bebum, Bebit, *pret*. Ber, Brìa.

Por-

Portico - Kevàna, *cioè archi*.
Portinajo - Derghavàn.
Porto, *cioè nolo* - Kèrue.
Porto *di mare* - Bender, *per li porti della Soria dicono* Eskàla, *nome corrotto dagli Europei, che li dicono* Scala.
Porzione, *una parte di qualche cosa da dividersi* - Bàra.
Possedere, *vedi* Avere.
Possedere, *per aver delle possessioni* - Melk aia.
Possessione - Melk,
Possibile, *si fa verbo impersonale* - Debìt, Cebìt, *neg.* Nabìt, Ce nà bit.
Posta - Manzil.
Postema, *marcia* - Adàp.
Postema, *per piaga* - Kùl, kùla.
Posteriore - Pasi - Du ammo, Du-màia.
Postiglione - Manzìlci.
Posto - Gé.
Potenza, *autorità* - Ahhkmèt.
Potenza, *forza*, kuét.
Potenza, *per essere in mano sua* - Dest.
Potere - Pevastúm, Pevastit, *pret.* Pevastà, *neg.* Penà vastum.
Potere, *scientificamente* - Sciùm, Scit, *pret.* Sciá, *neg.* Nescium, Nescit, *pret.* Nescià.
Povero - Fakìr, Sergherdàn, Kàlandèr.
Povero, *per mendico* - Sàil.
Pozzo - Bir.
Pranzare - Test bokum, Test bokoi, Test bokot, *pret.* Test koàr, *neg.* Test na kvum.
Pranzo - Test.
Praticare, *essere sempre insieme* - Déimàn nek bum.
Praticare, *far frequente l'istessa cosa* - Stàmel kem.

Pra-

Pratico, *perito* - Sciárazà - Sciarazàiá.
Prato - Mergha.
Precedere - Beraìka ciùm, *avanti vado*.
Precetto - Firmàn.
Precipizio - Gè kura, *luogo profondo*.
Predeceſſore - Beraìka, *mio predeceſſore*, Ber men, *avanti di me &c*.
Predicare - Karùs kem.
Preferire - Quòſcter r,vem, *pret*. Quòſcter tevìa, *amar di più (fraſe Kurda)*.
Pregare, *far orazione* - Nevéſia tkém.
Pregare, *per ſupplicare* - Ivì tkém.
Pregare, *domandare qualche coſa* - Koaſium, koaſit, *pret*. koaſt, *neg*. Na koaſium.
Preghiera, *orazione* - Nevéſia.
Preghiera, *domanda*, Koaſtina, Koaſtia.
Preghiera, *ſupplica* - Ivì.
Pregna (*una donna*) Ahhmla.
Pregna (*una beſtia*) Avézza.
Premere - Ghavé ſcium, ghavé ſcit, *pret*. Ghavàſct.
Premere *nel muro, o arbore, o porta, una mano, ed il paziente la tira per forza* - Karaſinum, Karaſinit, *pret*. Karasànd.
Premiare - Baksìs dem, kalàt kem, kalàt dem.
Premio, *buona mano* - Baksìs.
Premio, *per dare una veſte in regalo* - Kalàta.
Prendere - Boghrum, Boghrit, *pret*. Ghert.
Prendere, *fermare* - Zapt kem.
Preparare - Ahhzer kem.
Prepotente - Kurta, Zora.
Preſcito - Kuru gehennam, *figlio dell' inferno*.
Preſentare, *condurre uno avanti* - Inum ber.
Preſentare, *fare un regalo in roba* - Diárii inum, Diárii dem.

Pre-

Presente, *presenza* - Ahhzer.
Presente, *regalo* - Diàrii.
Presepio, *mangiatoja* - Afer,
Preservare - Qodàm kem, Avèz kem.
Presidente *a qualche popolo* - Rèis.
Presidente, *alle orazioni pubbliche Turche* - Imàm.
Prestare, *dar una cosa in prestito* - Amanét dem.
Prestar denaro - Dein kem.
Presto - Zu, Beléz.
Presumere - Ghelàk qo asàb kem, *molto mi conto è* Zèidakàr bum, *divento esageratore*.
Prete - Kasìa,
Pretesto - Ahhgiét,
Pretorio - Mahhkame.
Prevalere - Gioamérter bum, *sono di maggior coraggio*, Zorter bum, *sono di maggior prepotenza*.
Prevedere - Ber bìnum, Ber bìnit, *pret*, Ber dit.
Prevenire - Ber tém, Ber téi, Ber tét, *pret*. Ber at, *vengo avanti*, Ber cekem, *prima faccio*.
Prezioso - Kaùvi Kiméta, *di gran prezzo*.
Prezzare - Kimét kem.
Prezzare, *per stimare*, *vedi* Onorare.
Prezzatore - kimét kar.
Prezzatore, *per banditore* - Dellàl.
Prezzo - kiméta.
Prigionare, *vedi* Imprigionare.
Prigione - Ahhbs.
Primario - Ber ammo - Ber aìka.
Primavera - Bahr.
Prima volta - Giàre ber.
Primieramente - Ber ammo, Ber aìka.
Primo - Ber, Beraìka.

Prim.

Principe - Mìr.
Principessa - Mira.
Principiare - Dest bekem.
Principio - Ser.
Privare, *non permettere* - Na elum, Na elit, *pret.* Na elà.
Privare, *non dar la porzione, che gli viene* - Bara nàdem.
Privare *uno da un posto, deporlo* - Māzùl kem.
Privilegiare - Māaf kem,
Pró, *utile* - Faida.
Pró, *buon prò* - Afiét bit, Saahht bit.
Probitá - Ahhlàl zada, *che non fa cosa illecita*.
Procedere, *far processo* - Scèriàt cekem.
Procedere, *per modo di trattare* - Kèriara, *si aggiunge il nome, o pronome con l' avverbio, v.g. il tuo procedere è buono*. Keriara ta kangia.
Procrastinare - Ehr sobahh bezium, *sempre domani dico.*
Procurare, *far il possibile* - Bzàva kem.
Procuratore - Vakìl.
Prodezza - Gioamerìa, Merdinìa.
Prodigo - Saxi.
Produrre, *v. g. i semi quando nascono* - Scìn bit, Tét dérva, *pret.* At dérva, *viene fuori*.
Profanare - kafer bum, Ahhràm cekem, *faccio cosa proibita*.
Profanatore . kafér.
Profeta - Peghàmber.
Profetare - Peghàmber cekém, peghàmber bum.
Profittare, *guadagnare* - Faida tkem -
Profitto - Faida.
Profondo - kùra.
Profumiere, *vaso di profumo* - Bokordàn.
Profumo - Bokór.
Progenie - Ugiàk, Asli.

Pro-

Progenie, *per razza d' animali* - Tòkma.
Proibire - kàida cekem.
Proibire, *per non permettere* - Na elum.
Proibizione - kàida.
Promessa - krràr, kabar.
Promettere, *dar la sua parola* - kabara qo dem.
Promettere, *per confermare* - krràr kem.
Prominenza, *altezza* - Beléndaia.
Prominenza, *sopra tutti* - Ser ammo.
Pronto - Ahhzer.
Pronuncia, *modo di parlare* - Loghàt.
Proporre, *dire il suo sentimento* - Fekera qo bezium, Fekera qo bezit, *pret.* Fekera qo ghot.
pròporre Dire - Bezium, Bezit, *pret.* Ghot.
Proporre, *far intenzione* - Niehht cekem.
Proporzione - Fasàl.
Prosapia - Ugiák.
Prosperare, *augurar del bene* - Duātkem.
Prosperare, *per rallegrarsi d'una fortuna* - piròs kem.
Protestare, *dir la sua intenzione* - Niehhta qo bezium, Fékera qo bezium.
Protervo, *superbo* - kobria.
Protervo, *per cattivo* - Be vakùfa, kabit.
Proteggere, *si servono di questa frase è uomo mio &c.* Meròvi men &c.
Provare, *esperimentare* - Gerobinum, Gerobinit, *pret.* Gerobàndia, Gerib bekem.
Provare, *assaggiare il gusto* - Tām bekem.
Provato, *esperimentato* - Gerobàndia.
Provedere, *preparare* - Ahhzer kem.
Provedere, *per comprare*, *vedi sopra Comprare*.
Provedere, *rimediare* - Alàgtkém, Cekem alàg.
Provedere, *parlando di Dio, che non lascia mancare niente*, Iddio provede - Qode rskadet.
Providenza - Rska.

Pro-

Proverbio - Mìsál.
Provifione *di mangiamento per i viaggi* - Zavád.
Provifione, *per le truppe di frumento, e biada* - Zakìra.
Prudente - Ākel.
Prugna, *di fpecie groffa* - Elúk.
Prugna *di fpecie piccola* - Eluciak.
Prurire - Korìnum, Korìnit. *pret.* Koriá.
Prurito - koriána,
Pube - Reve.
Pubertá, *ftato d'una perfona arrivato abile al matrimonio*. Baliàk.
Publico - Eskara, Ammo zánit, *tutti lo fanno*.
Pudico Āffif, Del pákafc, Del sáfi, *cuore netto, cuore limpido*.
Pugnale, *arma che portano i Turchi avanti il petto* - Kangiàr, *il fecondo pugnale più piccolo, quafi un coltello da fodero* - Pás kangiár.
Pugno - Mst, *un pugno*, Mstek.
Pulcini *di gallina* - Ciúciálòk.
Pulcini *d'altri animali* - Tesék.
Puledro - Gioáni, *si aggiugne poi cavallo, cavalla, afino, afina, mulo*.
Pulice - Kiéc.
Pulire - Pákafckem, Taza tkem, Ce kem taza.
Pulito - Pák, Pákafc, Taza.
Pungere, *vedi* Bucare.
Pungere *con un ago &c.* Dersí ledem.
Punta - Ser.
Punta *acuta* - Ser tizia.
Puntellare, *mettere un puntello* - Stún bedem,
Puntellare, *far forte* - Kaím kem.
Puntello - Stún.

Pun-

Punto, *segno finale nello scrivere* - Nukàt.

Punto, *un momento* - Ghavek, Iek dakek.

Pupilla - Bibi.

Purgare, *dar un medicamento per andar di corpo* - Dermán zik ció dem.

Purgante, *medicina che fa andar di corpo* - Dermàn zik ció.

Purgatorio (*secondo i Cristiani Cattolici*) Maatahr.

Purificare - Safi kem.

Purificarsi, *secondo li Turchi lavandosi prima di far orazione, quando sono immondi secondo la loro legge* - Dest nevésia elgherum, *oppure vedi* Lavarsi.

Puro - Safi - Pak.

Putredine, *sporcheria*, Kassavát.

Putredine, *per marcia* - Adàp.

Puttana - Kahhbah.

Puzzare, *usano questa frase*: Io puzzo - Ex men been gheni tet, *da me odore puzzolente viene*.

Puzzolente - Been ghenì.

Q

Quà, Lera, Era, Venàve.

Quadrare, *considerare bene uno* - Feker le kém.

Quadrare, *far quadrato* - Ciahr kùs cekem, Ciahr kornét cekem.

Quadrato - Ciahr kùs, Ciahr kornèt, *per uomo quadrato d'intelletto giusto* - Akel drésta, Kangia.

Quaglia, *uccello* - Verdi.

Quagliato, *vedi* Gelato.

Quagliato, *dicesi anche* - Ghert, *cioè preso, massime del latte*.

Qualche cosa - Tstéki, Testéki.

Qual-

Qualcuno - Kes.
Qualche volta - Giàr giàr.
Quale, *interrogativo*, Ki.
Quale, *paragonativo* - Ciàva.
Qual di loro - Ki ex vàn.
Qualificare, *innalzare ad onore* - Măkùl tkém, cekém măkùl.
Qualificare, *descrivere la proprietà* - Tefsìr rem.
Qualificato, *uomo di dignità, e di rispetto* - Meròvi măkùl, Meróvi asàb.
Qual' ora - Ehr giar.
Qualsivoglia - Ehr ki bit.
Quando - Kanghi.
Quantità, *abbondanza*, Zaffa, Ghélàk.
Quanto - Ciàn, *monosillaba*.
Quantunque - Belá.
Quaranta - Cehl.
Quarantena, *gli Orienteli hanno fra l' anno due quarantene di rimarco, quali principiano nel solstizio* - Quella *del solstizio dell'inverno, la chiamano* Cehla zeveitàn, *quella d'estate* - Cehla avini.
Quarto d'ora - Ciahrek.
Quaresima - Ramán.
Quasi - Tene, *cioè appena*.
Quattrino, *moneta piccola di rame* - púl.
Quattro - Ciàhr.
Quattro elementi - Ciahr ánafer.
Quattro venti - Ciahr Ba.
    Orientale - Sciarki.
    Occidentale - Maghrebi.
    Meridionale - Kùbli, *cioè della Mecca*.
    Settentrionale - Sciámali.
Quello - Avì.

Quercia, *pianta* - Dare berú.
Quercia, *suo frutto, cioè la ghianda* - Berù.
Quercia, *altra specie, che resta bassa senza grosso tronco* - Taràsc.
Querela - Ghazènda - Skaiàt.
Querelarsi, *lamentarsi* - Ghazenda tkém.
Querelarsi, *dare un'accusa al giudice, o ad altro maggiore* - Skaiát dem.
Quesito - Pesciara.
Questionare, *far rissa* - Scér kem, Adavàt cekem.
Questionare, *per far lite in giudizio* - Scériàt them.
Questione, *rissa* - Scér, Adavàt.
Questione, *lite avanti al giudice* - Sceriàt.
Questo - Au, Auva.
Quì, Lera, Era. Venàve.
Quietare, *contentare uno* - Rázi kem.
Quietare, *lasciare un lavoro* - Batàl kem.
Quietarsi, *riposare* - Raàht kem, *pret. passivo* Raàht bum, Tanà kem, Behn boghrum, *respiro prendo*.
Quiete - Raàht, Taná.
Quieto, *contento* - Razì.
Quieto, *natural dolce*. Meskin, Fakir, Be dénk, Sergherdan.
Quitanza - Tamasùk.
Quitare, *far quitanza* - Tamasùk cekem, *scriverla* - Tamasùk nevìsium.
Quotidiano - Ehr rvz, Ehro, Ehro.

R

Rabarbaro, *medicina* - Rahvènt.
Rabbia - Kerba.

Rab-

Rabbino - Mālem giù.
Rabbioso - Kerbìna.
Rabbuffamento *di capelli* - Perpeciá, Prpeciá.
Rabbuffo, *collera* - Kerba, Sel.
Raccattare, *riavere* - Stìnum, Stinit, *pret.* Stànd.
Raccattato - Stand.
Racchiudere - Boghrum, Boghrìt, *pret.* Ghert, Ghertìa.
Racchiudere, *per metter dentro* - Dem naf &c.
Racchiuso - Ghértia.
Racchiuso, *cioè dentro v.g. in un' ampolla* - Naf scùsca.
Racchiuso in una borsa - Dangh kisa.
Raccoglienza, *cerimonia, stima &c.* - Mārìféta, Karám, Iméta.
Raccogliere, *unir tutto insieme* - Gemā tkem.
Raccogliere, *per mietere* - Drùtkem, *pret.* Drum Dru kiria, Drù.
Raccolta, *tempo di mietere*. Zam ànedrù.
Raccolta, *parlando di frumenti*.
Raccolta *buona* - Dakl kangia.
Raccolta *cattiva* - Dakl Karaba.
Raccomandare, *avvisare* - Kaúiát kem, Vassiet kem, Vassièt dem.
Raccomandazione - Kaúiát, Vassiét.
Racconciare, *tacconare* - Parespán le dém, Parespan kem.
Raccontare, *vedi* Dire.
Raccontare, *favole, o romanzi* - Ciròk bezium.
Racconto - Ahhxaiàt.
Racconto *di favole* - Ciròk.
Raccorciare, *far breve, curto* - Kurt bekem.
Raccorciato - Kùrta, kùrt xiria.

Ra-

Italiano, e Kurdo.

Radere, *far la rasura* - Trascium, *oppure* Btrasciùm, Btràscit, *pret.* Tràsct, *neg.* Natràscium.
Radicare - Rē boghrit, *pret.* Rē ghert, *la radice prende.*
Radice - Rē.
Raddrizzare - Dréft tкem, Cexem drésta.
Radunanza - Gemā.
Radunare - Gemā кem, Iek beкem, *faccio uno.*
Rafano - Tover.
Raffreddare, *far fredda una cosa* - Sar tкem.
Raffredarsi, *prendere un raffreddore* - Persif boghrum, Nezla bogrum.
Raffreddato, *divenuto freddo* - Sar bù, *per aver un raffreddore* - Persif aia - Nezla aia.
Raffreddore - Persif, Nezla.
Raffrenare - Zapt кem.
Ragazzo - Kuru.
Ragazzone - Kuru mazèn.
Ragghiare, *proprio dell'asino* - Zerìt, *pret.* Zerí.
Raggio *del sole* - Scià ataf.
Raggiro, *acutezza d'ingegno* - Zandìa, Sciàtería.
Raggiro, *per far il possibile* - Bzàva.
Raggrinzare - Kermcì kem, Kermcì bum.
Raggrinzato - Kermcì.
Ragguaglianza, *esser diritto uguale* - Drésta, Ràsta.
Ragguardato, *uomo, che sta attento* - Ehhsiára.
Ragione, *intelletto* - Akel.
Ragione, *giustizia* - Ahhк.
Ragionevole, *cosa giusta* - Ahhк.
Ragionevole, *uomo intelligente* - Akel.
Ragionevole, *cosa discreta* - Ansàf.
Rallegrezza - Quoscìa - Ksitia.

P 2   Ral-

Rallegrare - Kéifinum, Keit init, *pret.* Kéifinà.
Rallegrarſi *di qualche buon avvenimento* - Piròs кem, *ſi dice anche imperſonalmente* - Piròſit, Piròsbit, *ſia in buon piò.*
Rallentare - Suſt кem.
Rallentato - Suſta, *dolore de' denti mitigato* - Ehdi bú.
Rallentato, *per uomo, che ha i braghieri* - Fetka.
Rame - Safer.
Ramiere - Safàr.
Ramaricare - Be kéif кem, *lo faccio ſenza allegrezza,* Del foziùm, Del fozìt, *pret.* Del fot, Del fotia, *abbrucio il cuore* (fraſe Kurda).
Ramaricarſi, *eſſer melanconico* - Vakam bum.
Ramaricato, *melanconico* - Vakam, Del zaptà.
Ramarico - Del fotia, Be kéif.
Ramo *di pianta* - Tai.
Ramo *di fiume* - Bàsk.
Rampino - Cinghàl.
Rana - Bàx.
Rapa - Sciélem.
Rapace - Dazuár.
Rappezzamento - Pareſpàn.
Rappezzare, *tacconare,* Pareſpàn кem.
Rapidamente - Zora.
Rapina - koték, *per forza.*
Rapportare, *far lo ſpione* - Ciòghol кem.
Rapportante - Ciòghol, Giasús.
Rappreſaglia, *ſaccheggio* - Talán.
Raramente, *rare volte* - Kim giàr, Giàr giàr.
Raro, *ſottile* - Zràva. Tanék.
Raro, *coſa particolare* - Náder.
Raſchiare - Eſſù кem, Eſſù be kem.
Raſciugare - Zuá tкem.
Raſciugato - Zuà.

Ra-

Rasojo - Ghuzàn.
Rassegnare, *vedi* Consegnare.
Rassegnarsi a Dio - Amr Qodé Kabul kem, *la volontà di Dio accetto* - Dest Qodé me teslim kem, *mi rimetto in mano di Dio*.
Rassegnarsi, *non lamentarsi, tacere* - Denk nàkem.
Rassegnato, *senza lamenti* - Be denk.
Rassodare, *far forte* - Kaim kem, Mokúm kem.
Rassomigliare, *si fa verbo sostantivo col pronome, ed avverbio paragonativo, v. g. Io assomiglio al tale* - Az sibi flan. Io come il tale (*s'intende sono*)
Ratificare - Krràr kem.
Raucedine, *rauco* - Denk keft, *voce cascata*.
Razza - Zeidáia, *accrescimento*.
Razza, *v. g. specie particolare di cavalli* . Tokma .
Re *sovrano* - Kunkàr, Patsca, Sultán.
Re *di Persia* - Sciah āgiémi.
Realmente - Rast, Be sck.
Recente - Nù.
Recidivo - Ehr ceket, *sempre fa*.
Recreazione, *allegrezza* - Saffa, Kéifie, Keif quòsca.
Recreazione, *per andar a spasso in campagna per un giorno* - Seriàn, Seriána.
Redini *della briglia* - Gelaván.
Refezione, *mangiar un pochetto* - Pari iek bokum, *un boccone mangio* (*frase Kurda*).
Refezione, *collazione alla mattina* - Ser teft.
Refezione, *per merenda* - Fravìni.
Refuggiarsi, *si servono li Kurdi di questa frase* Io mi getto appresso al tale - Az qo avétium nek flàn.
Refuggio - Gé kalasìa, *luogo di liberazione*.
Regalare *un inferiore* - Baksìs dem.
Regalare *un maggiore* - Diàrii dem - Pescxésc dem.

Regalo - Baksìs, Diàrii, Pesckesc.
Regiſtrare - Deſtar nevìſium, *il regiſtro ſcrivo*. Naf deſtar nevìſium, *nel regiſtro ſcrivo*.
Regiſtro - Deſtar.
Regiſtratore, *quel che tiene i conti pubblici del principe*- Deftardàr.
Regnare. Ahhkem kem.
Regno. Orka, Orket, Memmlekét.
Regola, *miſura, o ſegno di fare una coſa ſimile* - Andàſa.
Regolo, *o ſia principe* - Mir.
Religione, *fede* - Dine, Aimàn.
Religioſo, *monaco* - Rabàn.
Remiſſione de' peccati, *indulgenza* - Ghofràn, Ahhlùl.
Remiſſione, *rilaſciamento, perdono degli uomini* - Boor, Elá.
Rendere, *dare* - Dem.
Rendere, *reſtituire* - Vagharium, Vagharit, *pret.* Vagharià.
Rendere *i conti* - Asàb dem.
Renderſi, *conſegnarſi*, Teslim nem.
Renderſi *padrone d'uno, ſi dice: quello è in mano mia*. Au dèite men.
Rendita - Iràt.
Replicare - Giàre kidi bezium, *un' altra volta dico, per confermare* - Krràr tkem.
Reprobo. Menáfak, Iaramaz, Kabìt Enghiddi babo.
Repudiare, *dar divorzio* - Talàk dem.
Repudio - Talák.
Reſa *de' conti* - Asàb.
Reſiſtere, *non acconſentire* - Kabùl nàkem.
Reſiſtere, *far contra, fermarſi avanti* - Ber ravàſtum.

Respingere, *fugare un esercito*. Bazìnum, Bazìnit, *pret.* Bazànd.

Respirare - Behn boghrum.

Respiro - Behn.

Restare, *fermare uno* - Boghrum.

Restare, *rimanere* - Minum, Minit, *pret.* Màia, *neg.* Na minum.

Restare, *fermarsi* - Ravàstum, Ravàstit, *pret.* Ravàstà, *neg.* Ranàvastum.

Restare, *fermarsi, sedere, o non muoversi* - Derùnum, Derùnit, *pret.* Runést, *neg.* Runànum.

Restare *perplesso* - Ahhìr bum.

Restare disgustato - Ziz bum, Del minit, *il cuore resta.* (*frase Kurda*).

Restituire, *vedi* Rendere.

Restituirsi, *riaversi di salute* - Cebùm, Ehdibum, *pret.* Cebù, Ehdibù.

Restringere, *far stretto* - Tangha cekem.

Resurrezione *de' morti* - Kiàmét - Rvz kiamèta.

Rete - Sciébaki.

Retenzione *d' orina* - Miz ghertìa.

Rettamente, *retto* - Rast, Dresta.

Ribellarsi - Asi kem, *pret.* Asi bu, Kain kem, Kain bum.

Ribelle - Asi, Kain.

Ributtare, *vedi* Respingere.

Ricamare - Nakàsc tkem.

Ricamo - Nakàsc.

Ricchezza - Daùléta.

Ricciare, *vedi* Increspare.

Riccio, *animale spinoso* - Suzì.

Ricco - Dàulet mènd.

P 4   Ri-

Ricercare, *una cosa perduta* - Le vagharum, Le vagharit, *pret.* Le vagharià.
Ricercare, *domandare* - Pesciàr tkem.
Ricevere, *accettare* - Kabùl kem.
Ricevere, *accogliere uno con onore* - karàm kem, Iméta ce kem.
Ricevere *qualche cosa, prendere*. Stinum, Stinit, *pret.* Stànd, *si servono anche di questa frase*. La tale cosa é arrivata in mano mia -- Flan testéki ghaéstia deste men.
Ricompensa, *premio* - Giàzéta, *per contracambio* - Bedàla.
Ricompensare, *rimunerare* - Giàzéta dem.
Rimunerare, *per dar in contracambio* - Bedàla dem.
Ricominciare - Nu dest bekem, *di nuovo metto la mano* - Giàre kidi cekem, *un' altra volta faccio*.
Riconciliarsi, *far pace* - Salahh tkem, pekinum, pekinit, *pret.* pekàt, pekinà.
Ricordare -- Bira le inum, Bira le init, *pret.* Bira le inà.
Ricordarsi - Bira men tet, *pret.* Bira men at, *la mia memoria viene, è venuta* (*frase Kurda*).
Ricordo, *memoria* - Bira.
Ricordo, *per avviso* - Vassiét.
Ricorrere - Ciùm nek flán &c. *vado appresso il tale &c.* (*frase Kurda*).
Ricuperare - Debstinum, *oppure* Bstinum, *pret.* Stànd, *neg.* Na bstinum.
Ricusare - kabùl nàkem.
Ridere - kenum, kenit, *pret.* kenì.
Ridicolo, *buffone* - kasmer, lariitkàr, *che muove il ridere*, kenìa det.

Ri-

Riferire, *vedi* Dire, Rapportare.
Rinutare - kabúl nàkem.
Riformare - Drest tkem, *lo faccio giusto*.
Riga - Rés (*con e largo*).
Rigare - Rés cekem.
Rilasciare - Berdém, Berdei, *pret.* Berdà, *neg.* Bernàdem.
Rilasciare, *abbandonare, non far più* - Sciàmatinum, Sciàmarinit, *pret.* Sciámarand.
Rima *di poesia* - kafi.
Rimanere - Minum, Minit, *pret.* Màia.
Rimediare - Alág cekem.
Rimedio - Alág.
Rimproverare, *usano li Kurdi questa frase*: Lo do avanti agli occhi - Dem ber ciàv. Lo do in mezzo agli occhi - Dem naf ciàv.
Rinegare - Kafer bum, *oppure*, Dine qo elum, *la propria fede abbandono*.
Rinegato - Kafer - Dine qo elà.
Rinfacciare, *vedi* Rimproverare.
Rinforzare - kuét dem, kaim kem.
Rinforzarsi, kuèt bvghrum, *forza prendo*.
Rinfrescare, *vedi* Raffreddare.
Ringraziare Iddio, Scùker Qodé tkem.
Ringraziare *gli uomini* - Menèt elgherum, *obbligazione prendo*.
Rinunciare, *non accettare* - Kabúl nakem.
Rinunciare - Na vém, *non voglio*.
Rinovare, *far di nuovo* - Nu cekem.
Rinovare, *parlar di nuovo* - Nu bezium, Giàre kidì bezium.

Ri-

Riparare, *vedi* Rimediare.
Riparare, *far le trinciere* - Ciapér çekem.
Riparo, *trinciera* - Ciapér.
Ripigliare, *prendere un' altra volta* - Giare K'idi bstinum.
Riposare - Raaht kem, Danábum, *pret.* Danábu.
Riposo - Raaht, Taná.
Ripulire - Pakàsç kem, Taza kem, Çekem taza ainabekem.
Riputazione - Arz, *uomo di riputazione* - Ahhlì árz.
Riscaldare - Gherma kém.
Riscattare - Kalás kem, *riprendere* - Bstìnum, Bstinit, *pret.* Stánd.
Riscattato - Kaláskiria, Stánd.
Rischiarire - Ruhna cekem, Ruhn de kem.
Rischiare, *si fa questa frase*: Io, e la mia fortuna. Az u bakte qo.
Riscuotere, *esigere* - B,stìnum, B,stinit, *pret.* Stánd.
Riscuotere, *andar a esigere una taglia, o gerima* - Ciúm ser dráf, Ciúm ser gerima.
Riso, *cibo* - Bréng.
Riso, *ridere* - Kenìa.
Risolversi, *dicono così*: Penso, voglio, oppure, au fasal bvghrum, Questo modo prendo.
Risparmiare - Tetbìr kem, Kimter saráf xem, *più meno spendo*.
Risparmiare, *non far il possibile* - Taxsìr xem, *neg.* Taksit na kem.
Risparmio, *providenza* - Tetbír.
Risparmio, *mancanza d' operazione* - Taksìr.
Rispettare - Karám xem.
Rispetto - Karám.

Ri-

Risplendere - Ruhnáia det, *splendore dà*.
Rispondere - Giováb dem.
Risposta - Giováb.
Ristoro, *riposo* - Raaht. Taná.
Ristoro, *rinforzo* - K̄uét.
Risuscitare - Rakem.
Ritardare - Drengha tém, *tardi vengo*.
Ritenere, *tener forte* - Zapt кem.
Ritenere, *non rilasciare* - Ber nàdem.
Ritirare, *non permettere* - Na elum, Na elit, *pret*. Na elà.
Ritirarsi, *pentirsi delle risoluzioni fatte* - Pesemán bum.
Rito, *usanza* - Resa.
Ritorcere - Badém, Badèi, Badét, *pret*. Badà.
Ritornare - De èm, De èi, De èt. *pret*. At.
Ritornare *in dietro* - Vagharium, Vagharit, *pret*. Vaghariá.
Ritornare *in se* - Ehhsiàrbum.
Ritorto - Badà.
Ritrovare - Pèidakem.
Rituale - Tàks.
Riva - Kenàr.
Rivale, *inimico* - Dusmán.
Rivale, *per indirimpetto* - Moкabil.
Rivale, *per foss* - Giùmi.
Rivelare, *scoprire il secreto* - Kefs kem, Eskara kem.
Rivelare, *quando Dio rivela* - Qodè bezìt, *Iddio dice*, Qodé del ruhnket, *Iddio illumina il cuore*.
Rivolgere, *rivoltare* - Vergherum, Vergherit, *pret*. Vergheriá, *neg*. Vernágherum.
Riuscire, *si servono di questa frase*: è fattibile - Cebit,

è sta-

é stato fattibile, Cebù, *oppure se vien diritto*, Egher, raft àt, *si lascia anche l' avverbio* Se, *secondo il discorso*.

Roba - Màl.

Roba, *per gli abiti che si adoprano*. Giul.

Rodere, K̄arìnum, K̄arìnit, *pret.* K̄irand.

Rodere, *v. g. la ruggine il ferro*, K̄aràb ket, *guasta*, Bok̄òt, *mangia*.

Rogna - Ghorì.

Roma - Rumìa.

Romore - Denk.

Romore, *per confusione di gente* - Kalabàla, Arbeda.

Rompere - Skìnum, Skìnit, *pret.* Skànd, Skéft.

Rondine. *uccello noto* - Ahkgi refc.

Rondone - Ababil.

Ronfare - K̄ur k̄ur k̄em, Denk k̄ur k̄ur tet, *voce di ronfatura viene*.

Rosa - Ghúl. Rosa selvatica - Silán.

Rosignolo - Belbèl, Blb'l.

Rosso - Sor, Sora.

 Divenir rosso - Sorbum, *vedi* Vergognarsi.

Rostire - Brèzium, *oppure* Bebrèzium, Bebrèzait, *pret.* Bràzt, *neg.* Nabrézium.

Rostito. Bràzt.

Rosto - Kebbáb.

Rota - Verver.

Rotolare, *v. g. cascando in un proclivio* - Ghraver kem.

Rotolare, *far girare una cosa rotonda* - Gher kem.

Rotondare - Ghrover kem.

Rotondo - Ghrover.

Rotto - Skéit, Skeitia.

Rottura d'uomo - Fètka.
Roverſciare, *ſpandere* - Reſium, Reſit, *pret.* Ret.
Roverſciare, *mettere ſotto ſopra* - Ser nesìf dem.
Roverſciare un abito - Ru battàni dem, *metto la fodera in faccia di ſopra*.
Roverſcio, *parte addietro* - ĸenàre piſct.
Roverſcio, *per faccia della fodera* - Ru battàni.
Rovina - k̄arabia, k̄aràb.
Rovinare - k̄aràb ĸem.
Rovinare, *per mettere giù una caſa* - Araſinum, Araſinit, *pret* Aràſt.
Rozzo - Zever, Z,ver.
Rozzo, *uomo inculto, ignorante* - Ahhmaĸ, Be mariféta.
Rubare -- Desíĸem, *oppure* Desùm, Desjt, *pret.* Desí.
Rubìno - Iaĸùt.
Ruffiano - Māres.
Ruggire, *proprio del leone* - De nerìt, *pret*. Nerìt.
Ruggine - Żènĸ, *il z ſi pronuncia come foſſe unito al* sc.
Ruvido, *vedi* Rozzo.
Ruota, e Rota - Ver ver.
Ruotare, *affilare i ferri* - Ceĸem tizia, Tizia ĸem.
Ruſcello, *fonte* -- ĸani.
Ruſcello, *per canale d'acqua* - Giò ave.
Ruſtico, *vedi* Contadino.
Ruſtico, *ſcorteſe* - Naſaz, Naz.
Ruta, *erba* - S,dàp.
Ruta *ſelvatica* - Ahhrmel.
Rutare - Brĸ ceĸem.
Ruto - Brĸ.

S

Sabbato, Sciàmbì.
Sabbia - Kīzi.
Saccheggiare - Talán кem.
Saccheggio - Talàn.
Sacco - Giováłк.
Sacco *divifo in due parti per la soma* - Kurg.
Sacco, *fatto d' una pelle intiera acconciata bianca* - Ombàn.
Sacco, *grande di tela nera di peli di capra, o lana* - Kàràr.
Saccoccia - Paкla, Berika.
Sacerdote - Kafia.
Sacchetto - Tùlк.
Sacheto *da mettere sopra il cavallo dietro alla sella, o sia bisacce* - Pasegin.
Sacra scrittura, *antico testamento* - Torāt.
Sacra scrittura, *nuovo testamento* - Angil.
Sacramento (*della S. Chiesa*) Srr.
Sacrificare - Kvrbàn cekem.
Sacrificio - Kvrbàn.
Sacrilego - Mnáfak.
Sacro - Mkàddàs.
Saetta, *arma* - Tir.
Saetta, *lampo* - Brufi.
Saettare, *gettare faette* - Tìr avesium, Tìr avefit, *pret.* Tir avét.
Saettare, *lampeggiare* - Brùfi det, *lampeggi dà*.
Sagace - Fahim, Zirék.
Saggio - Akel.
Saggio, *vedi* Prova ; *per gusto di cibo*, *vedi* Gusto.
Salare - kohhe tkem, kohhedem.

Sala-

Italiano, e Kurdo.

Salato - kohhe kìria, *per cibo che ha avuto il sale assai più del bisogno* - Súra.
Salario - Alùfa, Ahhӻ.
Saldare - Laìhm kem.
Saldatura - Laìhm.
Saldo, *fermo, e forte* - kaìm, Mokùm.
Sale - Kohhé.
Salire - Ciùm au ràs, *vado in sù*.
Salire, *v. g.* Dal cortile ascendere la scala - Clum a ſalál. *Quando uno dalla camera dice ad un altro nel cortile:* Vieni sopra - Vora ſalál.
Salita - Au ràs.
Saliva - Tf,ka - Tefӻa.
Salmi di Davide - Zabùr.
Salnitro - Dermáne spì.
Saltare - Alaveſium, Alaveſit, *pret.* Alavét.
Saltare, *vedi* Ballare, giocare.
Salvare - kalàs ӻem.
Salvare, *custodire* - Qodàm ӻem.
Salvo - Selìm.
Salutare - Saláf kem.
Saluto - Saláf.
Salute - Ahhl, kéif quòſca, Saӻa (*ſano*).
Sambuco (*erba nota*) - Ghiá ghenì, *cioè erba puzzolente*.
Sanare - *vedi* Medicare.
Sangue - kuhhn.
Sanguigno - Tabiāt kuhhn.
Sanguiſuga - Zelú.
Sanità, *ſano. vedi* Salute.
Santificato - Mӻaddas.
Santo - Vvali, *cioè illuminato da Dio, o da profeti*.
Santo, *per uomo oſſervante a puntino della legge* - Sofi.
Santo, *parlando di Dio* - Kadús.

Sa-

Sapere - Zanum, Zànit.
Sapere, *essere capace* - Sciùm, Scit, *pret.* Scià, *neg.* Nazànum, Nescium.
Sapiente - Màlema, Ahhkìm, Ākel.
Sapone - Sabun.
Sapore - Tàm.
Sartore - kaiàt.
Sasso - Ber, *si fa spiccare l'r*.
Savio, *vedi* Saggio.
Saziare - Tera kem.
Saziarsi - Tera bum.
Sazio - Tera.
Sbalordire - Ghèsckem, Na ehhskem.
Sbarbato, *per giovane di 20. anni in circa* - Lava.
Sbattere *cose liquide* - Sciàkinum, Sciàkinit, *pret.* Scia kinà, Sciàkand.
Sbattere *abiti dalla polvere*. Davascinum, Devascinit, *pret.* Davascà, Davascànd.
Sbigottire - Tersinum, Tersinit, *pret.* Tersa, Tersand.
Sbigottirsi - Tersum, Tersit, *pret.* Tersà bum.
Sbirro, *soldato del governo* - Masùrdi.
Sboccare - Der kavum, Der kavit, *pret.* Der kést, *neg* Der nàkavum.
Sbravare - Kabar ghrana bezium, *parole pesanti dico*, (*frase Kurda*).
Scacciare - Dere be kem, *pret.* Dere kiria, Dere ker, *neg.* Dere nakem.
Scala - Daràg.
Scala *a mano* - Ster.
Scalino - Daràg.
Scalpello - Mnkar.
Scaltro - Sciàter, Zirèh, Ehhsiàra.
Scalzo - Pe rús.

Scam-

Scampare, *vedi* Liberare.
Scampare, *per fuggire* - Ravùm, Ravít, *pret.* Alàt.
Scandalizzare - Sckuk dem.
Scandalo - Sckúk.
Scannare - Gherù béberum, Gheru béberit, *pret.* Gherú brìa, *la gola taglio*.
Scaricare una foma - Dainum a kuar, *metto a basso*, Bar vekem, *la foma apro*.
Scaricare uno schioppo, *vedi* Sparare.
Scarlatto - Askarlàd.
Scarpe, *rosse* - Piftàr.
Scarpe, *per papuccie gialle* - Sciàmék.
Scarpe *di peli neri, di capra all' uso de' montanari* - Refcelk.
Scarpe, *altra forte colla fola di torame, e fopra intessute di cordicelle di bambagia* - Kalek.
Scarpini *di marocchino giallo* - Masek.
Scarpini *fatti all' ago* - Ghora.
Scarso - Kima.
Scatola *da tabacco da nafo* - Kùti.
Scatola, *v.g. da confetti* - Ælbek.
Scavare *la terra* - Ard bokolum, Ard bòkolit, *pret.* Ard kolà.
Scavare, *tirar fuori* - Inum derva, Init derva, *pret.* Inà derva.
Scegliere - B,zièrum, B,ziérit, *pret.* B,ziàre, *neg.* Na b,zièrum.
Scelto - B,ziárt.
Scheggia *di legno affai minuta* - Clop.
Scellerato - Iaramàz, Enghìddì babo, Mnafak.
Scelleri, *erba nota*, Kerefs.
Scemare - Kim kem.
Scherzare - Iarìi tkem.

Scher-

Scherzo - Iarìi, Iarie.
Schiaffeggiare - Sciàkkàm le dem.
Schiaffo - Sciàkkàm.
Schiarire - Safi kem, *purgare*.
Schiava - Giari.
Schiavo, *prigioniero di guerra* - Iaksìr.
Schiavo, *comprato* - Beni.
Schiena - Pisct.
Schioppo - Tefangh.
Schiuma - Kef.
Schiumare - Kef elgherum, Kef elgherit, *pret*. Kefel ghért.
Schiumarolo - Mésf.
Sciabla - Scir.
Scialaquare, *dissipare* - Talafkem.
Scienza - Alema.
Scintilla *di fuoco* - Cirìsk.
Sciogliere, *slegare* - Vekem, Berdem, *neg*. Venàkem, Bernàdem.
Sciogliere, *vedi* Liquefàre.
Scisma - Fetni
Sciugamano - Makmel.
Scolpire, *incavare* - Bokolum, Bokolit, *pret*. Kolà.
Scolpito - Kolà.
Scommettere - Scèrt cekem, Scèrt bòghrum.
Scommessa - Scert.
Scomunicare - Ahhràm kem.
Scomunicato - Ahhràm kiria, Mahhrúm.
Scompagnare, *separare*, Zudàtkem, *per far numero dispari* - Cekem kat.
Scopa - Giàrisk.

Sco-

Scopare - Bemàlum, Bemàlit, *pret.* Malèst, *neg.* Na malum.
Scoppiare, *crepare* - Pakìnum, Pakìnit, *pret.* Pakànd.
Scoprire, *manifestare* - Kefskem.
Scoprire, *levar il coperchio* - Dervàn élgherum.
Scordarsi - Sbirkem.
Scorpione - Dupésk.
Scorreggiare - Tr Trkem.
Scortese - Naz, Nasaz.
Scorticare - Ghruàrkem.
Scorza - Tivel.
Scorzare - Tivel elgherum, *la scorza cavo* - Rùs bekem, *lo faccio nudo*.
Scottare - Sozium, Sozìt, *pret.* Sot, Sotìa.
Scottarsi, Sotum, *pret.* Sot bum.
Scrittura - Nevìsia.
Scrittura *di contratto* - Tamasùk.
Scrivere - Benevìsium, Benevìsit, *pret.* Nevìsia.
Scucire - Druàr vekem, *la cucitura sciolgo*.
Scucito - Vabù, *si è aperto*.
Scudella - Tàsi, *in Gezira dicono*: Piàn.
Scudo, *difesa delle armi* - Matàl.
Scudo, *per moneta Turca* - Ghrúsc.
Scudo *più grosso, che vale una piastra, e mezzo* - Riàl.
Scurtare - Kurt bekem - Cekem kurta.
Scuola - Màdrasi.
Scuolaro - Tàlemid.
Scuolaro *dei Turchi, che impara per essere maestro di legge* - Fakka.
Scusa, *pretesto* - Ahhgiét, Ahhgiéta.
Scusare, *trovar pretesto* - Ahhgiét pèidakem.
Scusare, *vedi* Rimediare, Perdonare.
Sdegnare - Kerba le vekem, Ziz kem, Sèl kem.
Sdegnarsi - Kerba bum, Ziz bum, Sèl bum.
Sdegnato. Kerba ve kìria, Kerba vabù, Ziz, Sel.

Sdegno. kerba.
Sdrucciolare. Zelùm, Zelìt, pret. Zelà.
Se. Egher.
Seccare. Eska kem, Esk kem.
Seccarsi. Esk bit. pret. Esk bù.
Secco. Eska.
Secco, per uomo magro. Zabùn.
Seco. Ghel qo.
Secolo. Sad sàli.
Secondina. Avála piciuk.
Secondo, avverbio, vedi Come.
Secondo, dopo il primo. Ia dù.
Secretezza, secreto, secretamente. S, r, si fa spiccare l' r quasi che fosse doppio.
Secretario, che scrive, e legge le lettere de' principi, e bassà Divàn effendi.
Sedere Runum oppure Derùnum, Derùnit, pret. Rundù, neg. Runànum.
Sedia. kursi.
Sedici. Scesc dah.
Sedizione, discordie. Fetni.
Sedizioso. Fetnakar.
Sedurre. Karàb kem.
Sega. M sciàr.
Segare. Mesciàr kem.
Segnare. Nìscan kem.
Segno. Nìscan.
Seguitare, andar dietro. Ciùm pási, Ciùm dù.
Sei. Scesc.
Sella. Zin.
Sellajo. che fa le selle. Saràg.
Sellare. Zin bekem.
Selva. Rèl.

Sel

Selvatico. Kul.
Sembrare, *appwire*. Diàrbit, *pret.* Diàr bù.
Sembrare, *per penſare*, *vedi* Credere, penſare.
Seme. Tove.
Seminare. Cinum, Cìnit, *pret.* Ciánd.
Seminare *diſcordie* - Ferni cekem, Pezavéngh bum.
Semplice, *uomo* - Ghaſcìm.
Semplice, *ſenza doppio* - lek tài.
Sempre - Ehr.
Senape - Kardal.
Senna, *erba di medicina*. Senna méki.
Senſale - Delál.
Sentenza - Firmán, Ohhkma.
Sentenziare. Firmàn kem, Ohhkma le kem.
Sentinella. Nobedàr.
Sentire, *udire* - Ghohlem, Ghohl, *pret.* Ghohle, *quando ſi parla d'aver inteſa qualche nuova, o ben ſentito, nel preterito ſi dice*: Biiſt.
Sentire, *far dolore* - Teſit, *pret.* Esà.
Senza. Bé.
Separare - Zudà tkem.
Separazione, *ſeparato*. Zudà ker, Zudá kiria, Zudàia.
Sepellire (*dicono naſcondere*) Veſciérum, Veſciérit, *pret.* Veſciárt, (*fraſe Kurda*).
Sepellito. Veſciàrt.
Sepolcro. Mazára. Kabr.
Sera, *verſo 24 ore*. Anghóri.
Sera, *per notte*. Scièf.
Sereno. Safi. Sahhi.
Serpe. Mar.
Serratura. kilùn.
Servire - kalmét tkem.

Q 3 Ser-

Servire, *esser utile*. Faida dem.
Servire, *bisognare*. Lazem.
Servitore. kolam.
Servitore, *schiavo comprato* - Benì.
Servizio. kalmet.
Servizievole, kalmSt kar.
Servo. kolàm.
Serva. kadáma.
Sesso, *natura*. Tabiã.
Seta. Avèrmìs.
Sete. Tene, Tenìa, *con l' e dolce*. Aver sete - Teni bum.
Setta, *seguace di qualche rito*. Taifa.
Setacciare. Mokel kem, Bezink kem.
Setaccio *piccolo*. Mokel.
Setaccio *grande da grano*. Bezìnk.
Settanta. Ahfté.
Sette. Ahft.
Settembre. Ilùn.
Settentrione. Sciámàli.
Settimana. Ahftie.
Severo. Duzuàr, Tabiãt tizia.
Severo, *per tiranno*. Zalem.
Sevo. Bez.
Sfacciato, *senza vergogna*. Be sciérma.
Sferza. kamci.
Sfidare, *scommettere*. Scért boghrum.
Sfoderare *la sciabla*. Scir kescium, scir kescit, *pret.* scir scià. Scir rus kem.
Sfortunato. Be bãkt, Be talã, Bakte resc, Talã resc, *fortuna nera*.

Sfor-

Italiano, e Kurdo.

Sforzare. Zor kem, Kotek le kem.
Sforzato. Koték, Zor kiria.
Sforzo, Zor. *violenza*, Koték.
Sfuggire, *schivare uno* - Na ciùm ber, *non vado avanti*.
Sfuggire, *allontanarsi* - Dura ciúm.
Sfuggire, *voltar le spalle*, Vérgherum, Vérgherit, *pret.* Vergheriá.
Sgraffignare. Karangiùk dem.
Sgraffignatura. Karangiùk.
Sgridare, *vedi* Sbravare.
Sgomentarsi. Tersùm, Tersit, *pret.* Tersà.
Sì, Aré, *più civilmente*, Belì, *cioè Signor sì*.
Sicuro, *senza paura*, Amìn; *senza dubbio*, Be sck. Tamàm.
Sicurtá. Kafìl.
Siepe. Pergiàna.
Siero *di latte*. Ave scir.
Sigillare Moorkem.
Sigillo. Moor.
Significare, *vedi riferire per aver spiegazione*. Manà aia, *la spiegazione ha &c.*
Signora, *persona grande* - Katun.
Signore, *ricco*. Daulét mend.
Signore, *padrone*. Baquo.
Silenzio. Be denk, *senza voce*.
Sillaba Ahhrf.
Simia. Méimùn.
Simile, *come*, Sibi, Ciáva.
Similitudine. Mesal, Metel.
Simulare, Niscàn na dem, *segno non dò*.
Sincero. Del safi, *cuor puro*.
Singhiozzate. Isk tet, *pret.* Isk at, *il singhiozzo viene, è venuto*.

Singhiozzo, Isk.
Sinistra. Cep, *a mano sinistra*, Dest cep.
Sino - Ahhtta.
Sitibondo. Tenì, Tenìa.
Sito, *luogo*. Gé.
Slogato, *v. g. un piede, una mano* - Kaliak.
Slongare. Drezia kem, Cekem drezia.
Slargare. Frá kem.
Slattare. Scir vekem, *oppure*, Dèvekem, *pret.* Scirvekiria, *neg.* Scir venàkem.
Smagrire. Zabùn bum, *pret.* Zabùn bu.
Smalto. Mina.
Smeriglio. Zèmpara.
Smezzare. Nif kem, Nivi kem.
Sminuzzare. Ur bekem.
Smontare. Em, *oppure* Beem, *oppure* Tem a kuàr, *vengo a basso*.
Smorzare. Merìnum, Merìnit, *pret.* Meránd, *neg.* Na merìnum.
Sobrio. Kim Kvárina, Kim Kuàr.
Soccorrere, *ajutare*. Arii bekem, Arii tkem, *rinforzare*, Kuét dem.
Soccorso, *ajuto*. Arii, *rinforzo*, Kuét.
Soddisfare, *far un obbligo di rispetto*, Katera élgherum, *per domandar scusa, si dice:* spero che &c. Ivi tkem ke &c.
Sodo, *forte*, Mokum, Kaim, Na levìt, *non si muove.*
Sodomia. Kun ghà.
Soffiare. Put kem.
Soffiare *il naso*. Défn kef kem.
Soffietto. Monfak.
Soffietto, *fatto d'un piccolo otre*. Ombán.

Sof-

Italiano, e Kurdo.

Soffio *di bocca*. Puf.
Soffio, *vento*. Bà, Ahuva.
Soffitto. Báni.
Soffocare -- Kanakìnum, Kanakìnit, *preter.* Kanakánd.
Soffrire, *pazientare*. Tahhmel kem, Sabr kem.
Soffrire, *patire*, Zahhmét kescum.
Soggiacere, *restar sotto*. Bèn minum, Bèn minit, *pret.* Bén maia.
Soggiogare. Zapt kem.
Soggiornare. Rùnum, *oppure* Derùnum. Derúnit, *pret.* Runèst, *neg* Runàqum.
Sognare, *vedi* Dormire.
Sognare, *vedere in sogno*. Kahhuna qo binum, Kahhuna qo binit, *pret.* Kahhuna qo dic.
Sogno. Kahhu,n.
Solamente. Béss, Bessa, Tene.
Soldato *a piedi*. Paià.
Soldato *a cavallo*. Suár.
Sole. Atàf, Rvz.
Solfo. Kibrit.
Solito. Adét, Rèsa.
Solito, *assuefatto*. U bù.
Sollecitare, *far presto*. Beléz kem, Zù be kém.
Sollecitare, *corrompere il cuore del tale &c.* Dei flan Karàb kem.
Solleticare. Kot kotum, Kot kotit, *pret.* Kot kotá.
Solletico. Kot kotàna, Kotkotàn.
Solo, Tene.
Soma. Bar.
Somma. Asáb.
Sommare. Asàb kem.

Som-

Sommario. Asàb.
Sommario, *per registro*. Deftar.
Sonno. Kahhu,n, Kahhuna.
Sopra. Ser.
Sopra, *parlando d'un paese dello stesso nome più in alto di un altro* Ziori.
Sopraveste. Beden, Benisc.
Sopraveste, *per quella semplice senza fodera intessuta di peli di capra di diversi colori, che li Kurdi vestono sopra il giubbone*. Sciapék.
Sopportare, *aver pazienza*. Sabr aia.
Sopportare, *non parlare*. Denk nà kem.
Sorbire. Ferkkem, Fr,kem.
Sorcio. Msck, *quasi* Mesck.
Sordo, *che non sente*: Kèr-
Sordido, *sporco*. *vedi* Immondo.
Sorella. Kusk,
Sorgere. Ràbum, Ràbit, *pret*. Ràbù, *neg*. Ranàbum.
Sorte. Bakt, Tala.
Sospendere, *tralasciare*. Batàl kem.
Sospendere, *attaccare in alto*. Alavisum, Alavisit, *pret*. Alavist.
Sospendere, *lasciare uno sospeso, che non sappia cosa risolvere*. Ahhirìnum, Ahhirìnit, *pret*. Ahhiràud.
Sospettare, *aver sospetto*. Sck aia.
Sospettare, *far sospetto*. Sck kem.
Sospetto. Sck.
Sospirare, *aver il cuore ristretto* Dél tangha aia.
Sospirare, *mandar fuori il respiro, segno di dolore*. Nahthem.
Sostegno, *puntale*. Stùn.
Sostentare, *metter le spalle sotto*. Mel dem.
Sostentare, *mantenere*. Qodàm kem.
Sotterraneo. Ben ard, Nàf ard.

Sot-

Sottigliare. Zráv᾽ κem.
Sottigliare, *far acuto*. Ceκem tizia.
Sottile. Zráva.
Sottile, *acuto*. Tizia.
Sottile, *di tela, o altro non doppio* - Tanéκ.
Sotto. Ben, Nesìf.
Sotto, *parlando di un paese più sotto ad un altro*. Ziéri.
Sotto condizione. Pu vì Icért, *per questo patto (frase Kurda)*.
Sottoporre. Zapt kém.
Sotto pretesto. Ahhgièta.
Sottoscrivere. Benevìsum nave qo, *scrivo il proprio nome, ma siccome li Kurdi pochissimi sono quelli che sanno scrivere, perciò dicono*: Sigillo, *perchè nel sigillo sta fatto il loro nome.*
Sottoveste, *giubbone*, Giabaκurtéκ.
Sozzura. Kassavàt, Pisiàt, Pis, La,ùti.
Spaccare. Kaléscium, Kaléscit, *pret*. Kalàsct.
Spaccare, *per rompere. vedi sopra*.
Spaccatura. Kaléscria.
Spaccatura, *v. g. d'una pietra naturalmente*, Darzì.
Spago. Rest, Ben, *con l' e stretto*.
Spalla. Mel.
Spandere. Resìum, Resìt, *pret*. Ret.
Sparare, *levar via* - Elgherum, Elgherit, *pret*. Elghert.
Sparare, *smobigliare una casa* - Kalì beκem.
Sparare un archibugio - Tefengh avesium.
Spararsi un schioppo per accidente, *imp*. Vahrascit, *pret*. Vahrascià.
Spargere *in quà, ed in là*. Balàvaκem.
Spartire. Lek veκem.
Spaventare. Tersinum, Tersinit, *pret*. Tersànd.

Spa-

Spaventare, *intimare una pena senza farla eseguire, solamente per correzione*. Tasìl dem.
Spaventarsi. Tersùm, Tersìt, *pret*. Tersà.
Spavento. Tersà.
Spavento, *che dà un superiore ad un suddito per farlo rientrare in sè*. Tasìl.
Spazio. Midan.
Spazzare, *vedi* Scopare.
Spazzare, *per pulire*. Paĸàſc kem.
Specchiarsi. Nàinuĸ benérum, Nàinùk benérit, *pret*. Nàinuĸ bénerà, *specchio guardo*.
Specchio. Nàlnuĸ.
Specie, *di che qualità*. Tokma.
Spedire, *mandare*. Vererĸem.
Spedire, *esser conveniente*, Menàſeb, Lazem.
Spendere. Maſràf kem.
Spenditore - Msràf, *si aggiugne pel tale &c.*
Speranza. Ivì.
Sperare. Ivìtĸem.
Spergiuro, *giuramento falso*. Sund dràu.
Sperienza. Gerobándia.
Spesa. Maſràf.
Spesare, *mantenere uno a borſa propria* - Ex kiſa qo qodam kem.
Spesare, *far le ſpeſe* - Mſraf kem.
Spesso, *denso*. Tira.
Spesso, *più volte*. Ghelaĸ giar, Ehr ehr, *ſempre ſempre*.
Speziale, *quel che vende le droghe*. A̅ttár.
Speziaria, *dove ſi conſervono le medicine compoſte*. Ahhĸìm Ka̅na.
spia. Cióghol, *per uomo mandato a ſcoprire*. Giáſſus.
Spiaggia. Knàr ave.

Spia-

Spianare . Raſt bekem .
Spiantato, uomo, che non ha più niente di capitale . Rut .
Spiàre Ciòghol kem , per far una ſcoperta . Giaſsùs kem .
Spiede . Biſtèk .
Spiegare, interpretare il ſenſo . Manàtkem , Manà bezium .
Spiegare, v.g. un lenzuolo . Dèvekem , apro .
Spiga . Sembel .
Spilla . Derzì .
Spina , Strì .
Spina , per ſcheggia di legno . Ciòp .
Spingere . Pal le dem , Lex le dem .
Spirito . Ruhh .
Spiritoſo , ingegnoſo - Zirèk .
Spiritoſo , per coraggioſo - Gioamer , Merdà , Mera .
Spogliare . Rùs kem .
Spogliare , per ſaccheggiare . Talàn kem .
Spogliarſi , delle veſti . Giùl ekinum , Giùl ekinit, pret. Giùl exàſt ; neg. Giùl na ekinum .
Spogliarſi d'un vizio , abbandonarlo . Elum , elit , pret. Elà, Sciàmerìnum , Sciàmerinit , pret. Sciàmeràn.
Spongia . A,vra .
Spuntare , guaſtar la punta - Ser Karàb kem .
Spuntare del ſole . Rvz àlìt , pret. Rvz àlàt , il ſole ſi alza , Rvz der kavit , pret. Rvz der kèſt , il ſole eſce fuori .
Spoppare , vedi slattare .
Sporcare . Piskem , La,ùtìnum, La,ùtinit , pret. La,ùtànd .
Sporcherìa . Kaſsavàt , Piſiàt .
Sporco . Pis , La,ùti .

Spor-

Sporgere. Dem.
Sporta *all'uso del paese per l'immondezze, o per portar gesso pisto* - Zambil.
Sposa. Bùka.
Sposo. Zavà.
Sposalizio, *nozze*. Davát.
Sposare, *ammogliarsi*. Mér кem, *neg.* Mer nákem.
Sposare, *maritarsi*. Sciù кem, *neg.* Sciù nàкem.
Spremere. Ghavéscium, Ghavéscit, *pret.* Ghavésct.
Sprezzare, *non far conto*. Asàb nàkem.
Spropositare, *parlar cose incompatte*. Sciatàt bezium.
Spropositare, *non custodirsi*. Qo qodàm nàkem.
Sproposito, *parola senza fondamento*. Sciátat.
Sproposito, *per cosa cattiva*. Sciòghol Karàba.
Sputare. Tefкem, T,fкem.
Sputo. Tf ka.
Squagliare. Ruun кem.
Squarciare. D. inum, Drìnit, *pret.* Driá, Driànd.
Squarciato. Driá.
Sradicare *una pianta*. Rē inum derva, *la radice cavo fuori*.
Sradicare *una casa*. Ahhtta beniát Karab кem, *sino ai fondamenti guasto*.
Stabilire, *una muraglia farla liscia, o colla calcina, o col gesso*. Malëng кem.
Stabilire, *vedi* Risolvere, Deliberare.
Stabile, *possessione*. Mélк.
Stabile, *che passi per eredità*. Mélк kana.
Staccare. Ve кem.
Stadera. Tarazù.
Staffa. Erkéb.
Stagionato, *maturo*. Buia, Bú.

Sta-

Stagione, *tempo*. Zamàn.
Stagnare, *vedi* Fermare.
Stagnare, *per imbiancare i vasi di rame, o altro*. Spi bekem.
Stagno, *metallo*. Kalài.
Stalla. Aktakana.
Stampa. Kaleb.
Stampare. Kaleb le dem, Kaleb cekem.
Stancare *uno*. Vastinum, Vastinit, *pret.* Vastànd.
Stancarsi, Vastnm, Vastit, *pret.* Vastà.
Stanco. Vastà.
Stanza. Manzéla.
Stare a bada, *cioè trattenersi alla bada di vederlo*. Ciav' aia ser, *occhio ho sopra &c.* (*frase Kurda*).
Stare, *permanere*. Runum, oppure Derùnum, Derùnit, *pret.* Runést, *neg.* Runànum.
Stare bene, *convenire ad uno una cosa, v.g. un abito*, Ex rengh avì. Del suo colore, *cioè da pari suo*. Ex avì ter - Da quello viene - Le et - Li conviene, (*tutte frasi Kurde*).
Stare in piedi. Ravastùm, Ravastit, *pret.* Ravastà, *neg.* Ranàvastùn.
Stare di *salute, o di ricchezze*. Ahhl, *v.g.* Tu come stai. Ahhl e tà ciàva, *la tua salute come*.
Stato di *salute, o ricchezze*, *stato buono, o ricco*. Ahhl quosca, *stato cattivo, o povero*. Ahhl Karàba.
Stato, *regno*. Orka. Memmlekét.
Stato, *di che condizione, è parentela*. Asli.
Statura. Bezn, Bezna.
Stella. Stera.
Stemperare, *liquefare*. Ruun kem.

Stendere, *slongare* Drezia kem, Drez kem, *stendere una cosa in terra*. Razìnum, Razìnit, *pret*. Razà.
Sterco. Ghù.
Sterile. Stàura.
Sterile *di monte senza alberi*. Ruál.
Sterile *di terreno*. Biára.
Sternutare, Beenìsum, Beenìsit, *pret*. Beenìst.
Sternuto. Beenìs.
Stesso, *io stesso*. Az qo.
Stesso *è il medesimo*. Ehr iek.
Stesso, *da se*. Bu qo.
Stile, *usanza*. Rèsa. Adét.
Stilla, *goccia*. Dlóp.
Stillare, *gocciare*. Dlòp ket, Dlòp tet.
Stillare, *tirare il lambicco*. Ambik kesciùm, Ambik kescit, *pret*. Ambik kescià.
Stima, *onore*. Karàm, Imeta.
Stimà, *valore*. Takmìl, kimèta.
Stimare, *vedi* Onorare.
Stimare, *far il valore*. Kimèt kem.
Stimare, *opinare*. Bavér kem, Feker kem, Baver bekem.
Stimolare. Gherma tkem (*riscaldare*).
Stimolo, *zelo, ed impegno*. Ghira.
Stimolo, *moto di concupiscenza*. Ahhràrèt.
Stipendiare. Alùfa dem.
Stipendio. Alùfa.
Stirare. Kescium, Kescit, *pret*. Kescià.
Stirpe. Aslí, Ugiàk.
Stitico. Kábza.
Stitico, *uomo poco trattabile*. Srt, Tabiàt Kangianina.

Sti

Stivale. Ciàkma.
Stizza - Kerba.
Stizzare. Kerba ve le kem. Ahhr kem.
Stizzoſo - Kerbina, *per uomo litigioſo con tutti* - Sceretta.
Stola, *abito ſacro de' Criſtiani*. Zenàr.
Stolido - Màtal, Ghaſcim - Ahhmak.
Stolto, *pazzo* - Dinà.
Stomaco. Màde, Scink.
Stoppino. Ftil.
Storcere, *v. g. una fune* - Badem, Badeì, *pret* Badà.
Stordire. Ghèſc kem, Na ehhskem.
Stordirſi. Ghèſc bum, Na ehhs bum.
Stortàre. Kuàr kem.
Storto. Kuár.
Stortura, *v. g. de' piedi* - Kalìah.
Stracciare. Drìnum, Drinit, *pret.* Driá, Drànd.
Straccio. Cinghér.
Strada. Reh.
Strada, *contrada*. Kolàn.
Strangolare - Kanakinum, Kanakinit, *pret.* Kanakànd.
Straniere. Biàni, Gharìb.
Strano, *ſenza uſanza*. Be réſa.
Strapazzare, *vedi* Ingiuriare.
Strapazzare, *per ſvergognare*, Kret tkem,
Strapiantare. Scetel kem.
Straſcinare, *per i piedi*. Pè keſciùm, Pè keſcit, *pret.* Pè keſciá.
Strazzo, *vedi* Straccio.
Strazzato. Dria.
Stregone. Sahhr.

R   Stri-

Striglia. Tumàr.
Strigliare. Tumàr ĸem.
Stringere. Sciddinum, oppure B,ſcìddinum, B,ſciddinit, *pret.* Sciddand, *neg.* Na ſciddinum.
Stroppiato. Sakat.
Struzzo, *uccello*. Nāma.
Studiare, *ſi ſervono del verbo leggere*, Boкoìnum, Boкoìnit, *pret.* Koénd, *neg.* Na кoìnum.
Studio. Koèndia.
Stuffo Āges.
Stulto. Dina.
Stuoja, Aſsìra.
Stupido. Gheſc, Ahhmak, Na ehhs.
Stupirſi, *maravigliarſi*. Āgiaìb kem.
Svanire, *ſvaporare* Gìt (va) Nāminìt (*non reſta*) Boкar cit, *il vapore va*.
Svanire, *perderſi*. Bezràbum, Beztábit.
Subbio, *fiſchio* - Dudék.
Subito. Zu. Ahhzer.
Subitaneo. Ḡhaflét.
Succedere, *accadere, imperſonale*. Debìt, Bìt, *pret.* Bù, Kàumi bìt, *pret.* Kàumi bù.
Succedere, *v.g. al tale*. Sciùna flán bùm, *in luogo del tale ſono ſtato* (*fraſe Kurda*).
Succeſſore, *dopo*. Paſi.
Succeſſore, *in luogo*. Sciùna.
Succhiare *il latte*, Scit Keſcium. Scir кéſcit, *pret.* Scir кeſcià.
Sudare. Q̈oedem.
Suddito. Räia,

Su-

Sudore . Qoë .
Svegliare, Ehhsiàrxem . Raxem, faccio alzare.
Svegliarsi . Ehhsiàrbum .
Svelto . Ciélèk , Sciàter .
Svanire, andar in sincope . Del boghrit, pret. Del ghèrt, il cuore prende .
Sventolare , far aria . Bavascinum , Bavascìnit , pret. Bavascand .
Sventura - Be baktie .
Sventurato - Be bakt .
Svergognare . Krét tkem , Be àrz tkem .
Svestirsi, vedi Spogliarsi .
Sufficiente , aver a sufficienza tanto che basta . Tera aia, pret. Tera bu .
Suggerire, somministrare le parole , vedi Dire .
Sugo . Ave (acqua) .
Suocera . Zen mãm , Zen mãmo .
Suocero . Kasù .
Suonare . Denk dem, voce do . Quando si suona un istrumento da fiato , si servono li Kurdi del verbo Dico, v. g. suono il flauto, Belùl bezium, se non è istromento da fiato si servono del verbo Batto , v. g. Suono il salterio , Santùr kottùm .
Suono Denk .
Superbia . Kvbrìa .
Superbo . Kabùra . Ser belênda , testa alta .
Superfluo , Zeida . Befaida .
Supplica , preghiera di speranza . Ivi .
Supplica , per memoriale . Arzàl .
Supplicare . Ivì tkem .
Supplicare , dar un memoriale . Arzàl dem .
Supplire , dar il mancante - Tamãm dem .

Supplire, *far le veci del tale*. Sciuna flán kem.
Suppoſta (*termine medicinale*) Sciáfék.
Suſſurrare, *parlar con voce baſſa in ſecreto, che neſſuno ſenta*. Kaivài tkem.
Suſſurrare, *ſeminar diſcordie*. Pezavèngh cekem, Fetni ce kem, Fazulìa tkem.
Suſſurrone, *ſeminatore di diſcordie*. Pezavèngh, Fetnakar, Fazul.

T

Tabaccare, *prender tabacco per il naſo*. Bornùti keſcìùm.
Tabacchiera, Kuti bornùti.
Tabacco *da naſo*. Bornùti.
Tabacco, *da fumare*. Tutún.
Tacconare. pareſpán kem.
Taccone. pareſpan.
Tacere. Denk nákem, *voce non faccio*.
Taciturno, Be denk.
Taciturno, *naturale malenconico*. Be keìf, Tabiát, vakam.
Tagliare. Berum, Berìt, *pret*. Bérìa, Bránd.
Tagliate *colle forbici*. Kosìnum, Kosìnit, *pret*. Kosánd.
Tagliato. Berìa, Kosánd.
Tagliato, *per ferito*. Brindàr.
Taglio, *ferita*. Brìn, Brìna.
Tale (*innominato*) Flán.
Tale, *avverbio*, Sibi, Ciáva.
Talento. Fahem, Akel.

Tal-

Italiano, e Kurdo.

Talpa · Musckòr.
Tamburo. Daúl, Sas.
Tanto, *quantitativo*. Enda.
Tanto, *solamente*. Besa, Bes.
Tapeto, Ber, *con l' e dolce*.
Tapeto, *col pelo a forma di velluto*. Măsùr.
Tappa - Kunák.
Tardare. Drengha tem.
Tardare, *per fermarsi*. Ravàstum, Ravàstit, *pret*. Ra-
   vásta, *neg*. Ranàvastum.
Tardare a far qualche cosa. Zu cenákem, *presto non faccio.*
Tardi. Drengha.
Tarlo · Betùt.
Tartaruga Baghàva.
Tartufo. Dumbalá.
Tasca, *saccoccia*. Berika.
Tasca, *saccoccia sopra al petto nel giubbone*. Pakla, *vedi*
   Sacco, Borsa.
Tastare, *toccar con mano*. Dest kem.
Tastare, *per assaggiare*. Tàmkem.
Tatto. Dest kiria.
Tatto, *per piacere sensuale*. Lāzét.
Taverna. Méikàna.
Tavola, *da mangiare sopra*. Sùfra.
Tavola, *o sia* Asse - Dèp, Takt.
Tavolato. Takt kìria.
Tazza *di legno*. Kodek.
Tazza *di terra*. Kasék.
Tazza *di metallo*. Tràr (*in Gezira dicono* piàn).
Tedio. Āgesìa, Āges.

Tela, *una pezza in genere* - Top.
Tela *di lino*. Top Ktán'
Tela *di bambagia* - Top Kam.
Tela *da fodera*. Batàni.
Telaro. Bir, *con l' i dolce*.
Temere, Tersùm, Tersìt, *pret*. Tersá.
Temere, *dubitare* - Sck aia.
Temperamento. Tabiàt.
Temperanza. Kim Koárina. Zaaht.
Temperare, *diminuire*. Kim kem.
Temperarsi *il tempo*. Nerma bit, *pret*. Nermá bù.
Temperare, *vedi* Raffrenare.
Temperino, *per le penne*. Kalám tràsc.
Tempo. Zamàne, Vàkt.
Tenaglia - Kelebtàn.
Tenda, *padiglione* - Kivèta, Kivèt.
Tenda, *per quella tela, che si mette per ripararsi dal sole, o dall' aria nelle porte* - Perda.
Tenebre. Tarì.
Tenere, *avere*. Aia, *pret*. Bu.
Tenere, *per prendere* - Boghrum.
Tenere a bada. Meziù kem.
Tenero. Nerma.
Tenero, *delicato*, Nazék.
Tentare, *provare*, Gerobìnum, Gerobìnit, *pret* Gerobandia, Gerobànd, Gerìb kem.
Tentazione. Tegerìb.
Terminare. Kalás kem.
Termine, *fine*. Kalas.
Termine, *segno di divisione*. Niscàn.
Termine, *confine d'uno stato all'altro*. Tokobì.

Ter-

Termine *di lingua, modo di parlare*. Loghát.
Terra. Ard.
Terra, *per terreno di sovranità* - Toprāk.
Terrazzo. Bāni.
Terremoto. Bilelerz.
Terreno, *sostantivo*, Melk.
Terrore Tersà.
Tesoreggiare. Kazni cekem, Kazìna cekem.
Tesoro. Kazni, Kazìna.
Tessere. Bir kém.
Tessitore. Bir ker.
Testa. Ser, *con l' e dolce*.
Testamento. Vassièt.
Testardo. Ser mokùm.
Testa forte. Ser eska.
Testa dura - āsi, āinàt, *ostinato*.
Testicoli. Rotlán.
Testicolo. Rotl.
Testificare, *fare, o dar testimonianza*. Sciahd kem, Sciahd dem.
Testimonio. Sciahda, Sciahd.
Testudine. Kusela.
Tigna, tignoso. Kaciàl, *si dice propriamente di quelli, che sono senza capelli dove v'era il male*.
Tigre, *animale*. Palèngh.
Tigre, *fiume* Sciahht mazèn, *cioè il fiume grande in volgare, scriturale*. Dgel.
Timido. Tersòk. Kuna, *assai pauroso*.
Timore. Tersá.
Tingere. Rèngh tkem.
Tinto. Rengh kiria.
Tintore. Sabagh.

Tiranneggiare. Žalem ᴋem.
Tirannia. Žolema.
Tiranno. Žalem.
Tirare, *gettare*. Bavésium, Bavésit, *pret*. Avèt, *neg*. Na avèsium.
Tirare, *v. g. una corda*, Kesciúm, Kescit, *pret*. Kescià.
Tirare calci. Pe le dem,
Tirare vento. Ba aia, Ahuva aia, *vento c'è*, Ba tet, Ahuva tet, *vento viene*.
Tisico. Estèska.
Tittillare, *vedi* Solleticare.
Tittillo, *vedi* Solletico.
Tizzone. Bezòt.
Toccare *con la mano*. Dest ᴋem.
Toccare, *urtare una cosa con l'altra*. Enghavum, Enghavit, *pret*. Enghàst.
Toga. Farraga
Togliere, *prendere*. Stinum, *oppurn* B,stinum.
Togliere, *levar via*. Elgherum, Elgherit, *pret*. Elghèrt,
Tollerare, *vedi* Soffrire.
Tollerare, *sopportare, non parlare*. Dènk nàᴋem.
Tolleranza. Be dènk, *senza parola*.
Tondare, *far rotondo*. Ghrover ᴋem, Ceᴋem ghrover.
Torbidare, *v. g. l'acqua* - Sciellù tᴋem; Sciellù ceᴋem.
Torbidare, *vedi* Molestare, Imbrogliare.
Torbido. Sciellù.
Torcere, *vedi* Premere:

Tor-

Torcere, *v.g. il filo* - Badèm, *pret.* Badà, *neg.* Banàdem.

Torchio. Manghana.

Tormentare, *dar fastidio*: Zahhmét dem.

Tormentare, *dar la tortura*. Skèngiadem.

Tormento, *fastidio*. Zahhmèt.

Tormento, *per tortura* - Skengia.

Tornare. Em, *oppure* Beem, *oppure* Tem, *pret.* At, *cioè venire*.

Tornare, *per venire un'altra volta*. Giare kidi tem.

Toro. Ghái, Nera ghái.

Torre, *sopra di cui gridano li turchi per dar segno del tempo di orazione*. Mènorà.

Torrente, *fiume piccolo* - Robàr.

Tortorella. Tivìrk.

Torto, *vedi* Ingiuria.

Torto, *per ingiustizia*. Na ahhk, Na ansàf, Ansàf nìna.

Torto, *da torcere* - Badà.

Tortura, *tormento*, Skèngia.

Tosare, *radere*. Tráscium, *oppure* B,tráscium, B,trascit, *pret.* Trásct, *neg* Na tráscium.

Tosare, *tagliare colle forbici*. Kosinum, Kosinit, *pret.* Kosànd.

Tosato, *raso* - Tráschìria.

Tosato, *tagliato colle forbici*. Kosànd.

Tosse. Qokìa.

Tossicare. Zehr dem.

Tossico. Zehr.

Tossire. Qokum, Qokit, *pret.* Qoxì.

Tovaglia. Makmel.

Tra. Bèi,n, *quasi monosillaba*.

Tra-

Tradire. Kaìn kem.
Traditore. Kaìn.
Tradurre, *vedi* Consegnare.
Tradurre, *per ridurre una lingua in un' altra*. Turcimàn кem.
Trafficare. Bazàr kem.
Traffico. Bazàr.
Trafiggere, *bucare*. Kùn кem.
Trafiggere, *passar col trapano*. B,sonum, Bèsonit, *pret.* Sont, Sontìa.
Trafitto, *bucato*. Kun kìria.
Trafitto, *trapassato*. Sontìa.
Tragaganta, *pianta*. Ghùni.
Trama. Ahhilàt.
Tramare. Ahhilàt кem.
Tramontana. Scemàli.
Tramontar del sole. Rvz avàbit, *pret.* Rvz avàbú.
Tramortire. Na ehhskem.
Tramortito. Na ehhskìria.
Tranquillo. Raht.
Tranquillo, *cuor quieto*. Del tanà.
Trappolare, *vedi* Ingannare.
Trappola, *una cosa buona a niente* - Bu ciù nina.
Trappola de' sorci. Kafs msçk.
Trapuntino. Nalik.
Trascurare, *non stimare*. Asàb naкem.
Trascurare, *non prendersi fastidio*. Kama na èlghe-rum.
Trascurato, *negligente*. Be ghira; Astì ghràna, *ossa pesanti* (*frase Kurda*).
Trasferire, *portar in altro sito*. Bebbum, Bebbit, *pret.* Ber, *si aggiugne il luogo, oppure si dice*, Dem, Dei,

pret.

pret. Da , *metto &c. si aggiugne il luogo.*

Trasgredire , *vedi* Disubbidire , *per non fare* Cenákem , Firman na èlgherum , *non prendo gli ordini* .

Travagliare . Scióghól kem .

Travagliare , *per dar fastidio* . Zahhmét dem .

Travaglio , *lavoro* . Scióghol .

Travaglio , *fastidio* . Zahhmét , Dérd .

Trave grosso , *di cui si servono per il soffitto* , Karitá .

Trave , *che serve per puntellare* . Srùn .

Treccia *dei capelli delle donne* . Bèsk .

Tremare . Lerzùm , Lerzit , *pret.* Lerzá .

Tremare di freddo , *con batter de' denti* . Vaghéz ghezinum , Vaghéz ghèzinit , *pret.* Vaghèz ghezá .

Tremore . Lerzá , Veghez ghezá .

Triangolo . Seh kùs .

Tribù , *nazione guerriera* . Assirèta .

Tribulazione . Zahhmét , Dérd .

Tribulazione , *per gastigo di Dio* . Ghazàba Qode .

Tripiede . Seh pé .

Trippa Uhhr .

Tripudiare . Kéif inum , Kèifa qo inum .

Tripudio . Kèfie , Keif quòsca .

Trincera , *riparo degli eserciti* . Ciapèr .

Tristare . Be keif cekem , Vakam kem .

Tristo , *afflitto* , Vakam .

Tristo , *malinconico* . Be kéif .

Tristezza . Vakamìa , Be kéifie .

Tritare , *tritolare* . Urbekem .

Tritare , *tritolare il tabacco da fumare* . Enginum , Enginit , *pret.* Enginá , *neg.* Na enginúm .

Trivellare . Matkap kem , Kun kem , Bòkolum .

Trivello. Matkap.
Tromba, *istrumento da fiato*, Nafira.
Troncare - Béberum, Béberit, *pret.* Brìa, Brànd.
Tronco. Bèst.
Tronco, *progenie*. Asli, Ugiàk.
Troppo. Ghelak.
Trovare. Péida kem, *neg.* Pèidanakem.
Truppa, *armata*. Asker.
Truppa, *moltitudine di gente*. Gemā, Kalabàla, Arbeda.
Tumore. Voram.
Tumore, *quando è piagato*. Kvla.
Tumulto. Kalabàla, Arbeda. Kiàmét.
Tuonare. Denk avra ter, *pret.* Denk a, vra àt, *voce dalle nuvole viene*. Ràdi tet &c.
Tuono. Denk avra. Ràdi.
Turbante, *fascia sopra la testa de' turchi*. Ciàrka, Ciàrk.
Turbare, *mescolare*. Tekel kem.
Turbare, *per molestare*, *vedi* Sopra.
Turbine, *vento violento, che corre rigirando*. Babelisk.
Turchia, *stato del gran Signore*. Orket Osmànlì, Orketa Rumi.
Turchino, *color celeste*. Scìn.
Turare. Zaptkem, Dàghrum, Dàghrìt, *pret.* Daghèrt.
Turrione. Burg.
Tutto. Ammo.
Tutore. Vakil.
Tuzia, *medicamento*. Tutia.

Va-

V

Vacanza. Batàl.
Vacca. Ciéla.
Vacillare, *si fa sostantivo unito al pronome.* Drèst nina, *non diritto.* Belì nina, *non certo.*
Vacillare, *esser dubbioso.* Ahhir bum.
Vagabondo, *uno che gira di città in città, con qualche pretesto per ottenere qualche cosa.* Dilànci.
Vagabondo, *si servono di questa frase.* Iek gè na vastit, *in un luogo non si ferma.*
Vagabondo, *per quelle nazioni di pastori, che con tutte le loro famiglie durante la loro vita non stanno mai fissi in un paese.* Ravènd.
Vagabondo, *per quei lavoratori di muraglie, che nei tempi determinati girano in diversi paesi.* Kocer.
Vagire. Nah them.
Vagire, *per piangere.* Ghirúm, Ghirìt, *pret.* Ghirì.
Vago, *vedi* Bello.
Vago, *per cosa degna di curiosità,* Tamàsca.
Vajolo. Korik.
Valanca, *cascata precipitosa di neve da alti monti.* Renì.
Valere, *quanto porta il prezzo.* Ciàn tinum, Ciàu tinit, *pret.* Ciàn tinà.
Valigia. Bòkcia.
Valle profonda. Giúmi.
Valle larga piana. Desta, *cioè* Pianura.
Valore, *prezzo.* Kimèta. Ahhk.
Valore, *coraggio.* Gioameria, Merdinìa.
Valoroso, Gioamer, Merda, Mera.
Vanagloria, *superbia.* Kobria.
Vanagloriarsi, *pavoneggiarsi.* Qo pahzinum, Se

pahzi-

pahzinìt, *pret.* Se pehzand, *qui il Se significa, come in Italiano*, se stesso.

Vantarsi, non vergognarsi. Sciérma nàkem.

Vaneggiare. Sber bezium, sber bezit, *pret.* sber ghot.

Vaneggiare, divenir matto. Din bum.

Vanga. Taver, *propriamente il pietone*.

Vangare. Ard bòkolum, Ard bòkolit, *pret.* Ard Bokolà, *la terra scavò*.

Vapore, Boxar.

Variabile. Iex rengh nìna, *non è d'un sol colore*. Ehr xa bar iex nìna, *sempre non è una parola*. Ser fekere qo navastit, *sopra l'istesso pensiere non si ferma*, (*frasi Kurde*).

Vascello. Ghamìe.

Vaso da fiori. Skel.

Vaso di terra grande, *o sia urna da tenere l'acqua per uso di casa*. Lina.

Vaso, *per trasporto d'acqua a mano*. Gerra.

Vaso *piccolo di terra, che mantiene l'acqua fresca; contenente in circa due bicchieri*. Ghòsk.

Ubbidire, *vedi* Obbedire.

Ubbidiente. Ghòhedar.

Ubbriacare. Mést tkem, Ser quòsc kem.

Ubbriaco. Mést, Ser quòsc, Mesti bù.

Uccello. Téir, *monosillaba*.

Uccello, *qualunque specie d'uccelletti*. Ciùciòk.

Uccidere - Kusium, oppure Bkusium, Bkusit, *pret.* Kust.

Uccisione. Kustla.

Udire, *si mette il pronome col sostantivo*. Io sento. Az ghohle, Tu senti. Tu ghohle, *nel pret.* Biist, oppure Ghoh le bum.

Udi-

Udito, *senso*, *orecchia*. Ghoh.
Udito, *aver sentito*. Biìst.
Vecchia. Pìra Zèna.
Vecchiaja. Piràia.
Vecchio. Pira méra. Pira.
Vecchio, *cosa antica* - Kahuna.
Vece, in luogo - Sciùna, Sbèr.
Vedere, guardare. Binerum, Binerit, *pret.* Dit, Binerà.
Vedere, *potere dell'occhio*. Binum, oppure, Bebìnum, Binit, *pret*, Dit, *neg.* Na bìnum.
Vedere, *osservare una cosa di curiosità*. Tamàsca kem.
Vedersi, accorgersi. Ehhsiàr bum.
Vedersi, esser visibile. Diàrbit, *pret.* Diàr bù.
Vedova. Be mèr.
Vedovo. Be zèn.
Veduta. Dìtina.
Veemente - Zora, Sbrì.
Veemente, *v. g. battere con tutta forza* - Sbrì, Pehl.
Veemenza - Zoràja.
Veh. Vvehi.
Vegliare, non dormire. Na nevum, Na nevìt, *pret.* Na nevést.
Vegliare, far la guardia. Nobe cexèm, Nobe boghrum.
Vela delle navi. Scrahh.
Velenare. Zehr dem.
Veleno. Zehr, *il Z si pronuncia come se fosse unito al* sc.
Velo nero, *che le donne mettono sopra la faccia* - Xelii.
Veloce, *che galoppa assai*. Bazàia.
Veloce, *per svelto*. Celex.
Veloce, *per leggiero*. Sevék.
Velluto, *drappo*. Mahhxmul, Kadifa.
Vena. Rè.

Vendere. Fruhhsium. Fruhhſit, *pret.* Fruhht.
Vendetta. Tola.
Vendicarſi. Tola qo vekem, Tola qo bvghrum, Tola qo bſtinum.
Vendicato. Tola ſtand, Tola vekiria.
Vendita. Fruhhtina.
Venditore di frutta, *e coſe minute manducabili*. Bakál.
Venduto. Fruhht.
Venire Em, *oppure* Bem, Tem, Tei, *pret.* At, *neg.* Na em.

Queſto verbo ha in aſtratto tanto nel preſente, come nell'imperativo la parola indeclinabile Vora, *che ſignifica* Vieni, venite.

Ventaglio. Bavaſcàn.
Ventare, *far vento col ventaglio*. Bavaſcinum, Bavaſcinit, *pret.* Bavaſcand.
Vento. Ba.
Vento gagliardo. Uhr.
Ventoſa, *iſtrumento da cavar ſangue, di vetro*, Ahhgiami.
Ventoſa di corno. Siak.
Ventre - Zik.
Venuta. Atina.
Verde. Keſck.
Verdeggiare. Keſck bit, Scin bit, *pret.* Keſck bu, scin bu.
Verdura. Scindia.
Vergogna. Scierma, Aiba.
Vergognarſi. Scierma tkem.
Vergognoſo, *pien di roſſore*. Sciermina.
Vergognoſo, *per coſa cattiva*. Aiba.

Ve-

Verità. Ahhkìka, Raſtìa.
Veramente. Raſta, Tamàm.
Vero, Raſta, Tamam.
Verme. Kermi-
Vermi, *che ſono nei corpi umani viventi*. Marék.
Verſare, *roverſciare coſe liquide*. Reſium, Reſit, *pret.* Ret, *neg.* Na reſium.
Verſo, *voce*. Denk.
Verſo, *poeſia*. Beit.
Vertigine, *giramento di teſta*. Ser zeveriàna, *aver le vertigini*, Ser zeverit, *pret.* Ser zeverìa, *la teſta gira*.
Veſpa. Zerkék.
Veſpone - Stenk.
Veſſica. Pa,pſk.
Veſſilo - Beirak, Sangiák.
Veſtimenti *in genere*. Giul.
Veſte di panno, *o camelotto, ſcoto, che ſi porta ſopra lungo con le maniche compite*. Beden.
Veſte conſimile *un pochetto più corta, con mezze maniche*. Beniſc.
Veſte di panno forte e fino, *che portano li Signori, quando piove*. Baràni, Ser adit.
   Per la teſtiera di panno, o tela incerata a forma di capuccio per cuſtodire la teſta dalla pioggia. Ser Kòlàf.
Veſte grande *quaſi a forma di cocolla, che veſtono li Dottori Maomettani* - Farragà.
Veſte grande *a forma di toga ſenatoria ornata di galloni d'oro, che per lo più regalano li Baſsà a qualche perſona conſpicua*. Aba.
Veſte curta *ſino alle ginocchia, che per lo più s'inchiude nei calzoni, fatta di peli di capra, che li Kurdi portano ſopra il giubbone*. Sciapék.
Veſte di lana *ſenza maniche aſſai ſpeſſo, lunga ſino a mez-*

S

za gamba, che usano comunemente li Kurdi. Ciuxa.
Veste vile di lana non tessuta, che li pastori portano sopra le spalle - Kapàn, Kapanek.
Vestigio, pedata. Sciuna pè.
Vestire. Giul Barkem.
Vestire, per regalo d'un abito, secondo l'usanza d'Oriente. Kalát kem.
Vestirsi. Kara qo kem, Giule qo Barkem.
Vestito con pompa ben ornato - Rousc.

 Questa parola Rousc, oppure Rousca, significa anche per esprimere, quando qualche Signore ha un seguito di uomini ben vestiti, e cavalli ben ornati. Per ironia lo dicono anche alle persone cascate, ed imbrattate di fango, oppure spogliate nude dagli Arabi -

Veterano, cioè capo di qualche tribù, oppure qualcheduno della discendenza degli antichi Santoni Maomettani, o che fanno da Santoni - Sciek.

Vetriolo. Zag.
Vetro Scùsca
Vettovaglia. Zakìra.
Vettura, prezzo della portatura. Kerue.
Vetturale. Katergì.
Vetturajo. Keruedar.
Vetusto. Kahuna.
Uffizio, mestiere. Kar.
Uffizio, affare. Scioghol.
Uffizio, dignità. Marteba, Paia.
Uguagliare. Rast tkem, Sibi iek cekem, come uno faccio.
Uguale, piano. Rasta,
Uguale, esser simile. Sibi iek.
Uguale, per andare insieme ; Pexua.
Via, strada. Reh.
Viaggiare. Safer kem.

            Viag-

Italiano, *e Kurdo*.

Viaggiare, *seguitare il suo viaggio*. Brehva cium, Brehva na vastum, *nel viaggio non mi fermo*.
Viaggio. Safer.
Viaggio d' un giorno. Kunāk.
Viandante. Msafer, Saferlì.
Vicino. Nezik.
Vicino di casa. Giràn.
Vico, strada stretta. Kolàn.
Vigilare, *vedi* Vegliare.
Vigilare, *per stor su l'avvertita*. Ehhsiàr kem.
Vigilante. Ehhsiàra.
Vigilia, *astinenza dalla carne, e latticinj*. Parìs.
Vigilia, *per rigororoso digiuno*. Ruzì.
Vigilia, *guardia*. Nobe.
Vigliacco - Astii ghrana, ossa pesanti (*frase Kurda*).
Vigna. Bstàne trì, *giardino d'uva*.
Vigore. Kuèta.
Vigore, *per forte, v. g. batter con vigore*. Sbrì, Zor.
Vile di prezzo. Be kimèta, Arzàna.
Vile di costumi. Be mārifèta.
Villa, villaggio. Ghund.
Villa, possessione. Melk.
Villaneggiare, dar villanie. Dùscium dem.
Villania. Duscium.
Villano. Fallahh, Meròvi ghund, Meròvi ghundàn, *uomo di villaggio*.
Villano, *per uomo sgarbato, scortese, ed incivile* - Naz, Be mārifeta.
Vincere, superare. Ghaleb kem.
Vincere, rompere un esercito. Asker skinum.
Vincere, portare via una scommessa, o altro &c. Dbem, *pret*. Ber, Berìa.
Vincitore. Ghaleb, Mansùr.
Vino. Mèi (*monosillaba*).

S 2 Vi-

Viola. Benefsca.
Violenza. Zora, Kotèxa.
Violino. Kamèmcia.
Vìpera, *serpente*. M̄ar.
Virtú, *merito avanti a Dio*. K̄éira, kangìa ber Qodé.
Virtù, *scienza*. M̄ariféta.
Virtuoso. Qodám m̄ariféta.
Viscere, *budella*, Rivì.
Vischio. Dequànà.
Visibile. Diára.
Visita. Ziarét.
Visitare. Ziaret tkem.
Vista, *potenza dell'occhio*. Nadàra.
Vista, *oggetto della vista*. Ditina.
Vista, *bella veduta*. Dìtina kangia, Ditina taza, Dìtina spéi, Tamàsca.
Vita, *età*. Āmra.
Vita, *anima*. Ghiàne.
Vite. Dare trì, *arbore d'uva*.
Vitella. Kalò (*questo nome lo dicono li Turchi per abuso alle donne giovani tanto Cristiane, che Ebree*).
Vitello. Kalek.
Vittoria, Ber, *vedi il verbo* Vincere.
Vivere, *aver vita*. Āmra aia, *pret.* Āmra bù.
Vivo, Sak̄a, *cioè sano*.
Vizio, *difetto, o macchia*. Āib.
Vizio, *costumanza cattiva*. Ādéta K̄aràba, Resa Karàba.
Vizioso, *uomo cattivo*. Jaramaz, Mn̄afak.
Vizioso, *cavallo, che non vuole andar avanti*. Gha ghré.
Vizioso, *mulo, che tira calci*. Sciambosc.
Vizioso, *cosa non buona*. K̄aràba, Kangia nina.
Vizioso, *cosa brutta*. Kreta.

Vl-

Vltimo . Dú maia , Pafi ammo , *dopo tutti* .
Vmana natura . Tabiắt l'anſan .
Vmanità, *cortesia* , Mārifét̄a .
Vmettare . Ter kem .
Vmettare *la terra per scopare*. Refcinum , Refclnit, *pret.* Refcànd , *neg.* Na refcinum ,
Vmidità, *che ſi vede nei luoghi ſenza aria aperta* . Sciā.
Vmido . Terra .
Vmile . Tabiắt neſma , Be kobria .
Vmiliare uno . Ser Bskinum , *oppure* Ser skinum, *pret.* Ser skeſt , *rompere la teſta* (*fraſe Kurda*) .
Vmiliarſi, *vergognarſi* . Scierma tkem .
Vmiliarſi, *non far ſtima di ſe ſteſſo* . Asàb qo nakem .
Vna . Iек .
Vna volta . Giarek .
Vna volta finalmente., *cioè ottenere il ſuo intento dopo molti ſtenti* - Akobét , Akr .
Vna volta, *per tempo andato* . Eūghi .
Vndici . Ianzdah .
Vncino . Cinghál .
Vngere . Duhn kem .
Vnghia - Nanúk .
Vnghia de' *cavalli , bovi &c.* Sum .
Vngheria, *Regno* - Meger .
Vnguento - Mrahm .
Vnguento, *per cerotta* . Taliùn .
Vnguento, *per empiaſtro* . Melgema .
Vnire, *far uno* . Iек cекem .
Vnire, *attaccare insieme* . Pekua venuſcium , pekua venuſcit , *pret.* pekua venuſciá -
Vnirſi, *accordarſi*, pekinum , pekinit , *pret.* pekinà , pekat .
Vnirſi, *eſſer compagno* . Avàl bum .
Vniverſale - Amm .

Vno . Jex .
Vnto . Duhna .
Voce . Denk .
Voglia , *segno con cui nascono li fanciulli* . Niscan .
Voglia , *per desiderio, vedi* Volere .
Voglia , *desiderio* - Del cit &c. *il cuore va* .
Volare . Bfrum , *oppure* Frum , Frit , *pret.* Frì .
Far volare , Frinum , Frinit , *pret* Frand .
Volere . T,vem , T,vei , T,vet , *pret.* T,vìa , *neg.* Navem , *pret.* Na tvìa .
Volere, *cioè ordinare, comandare qualche cosa ad un suo suddito , e servo* - Amr kem , *neg.* Amr nakem .
Volo . Frì .
Volontá . Amr , Amrád , *oppure si fa la frase* , il cuore va , il cuore vuole , la mia intenzione è &c.
Volentieri . Ez del . Dal cuore .
Volpe Ruvì .
Volta , *cupola* . Akdi .
Volta , *tempo* . Giar , *una volta* , Giarek , *due volte* , Du giàr . *più volte* , Ghelak giàr .
Volta , *una volta , cioè nei tempi andati* . Enghi , *si dice anche per il tempo futuro , condizionato , v.g. Allora farò quando tu verrai*. Enghi az cekem , kanghi tu téi .
Voltare , *far la volta* . Akdi cekem .
Voltare , *rivolgere* . Vergherum , Vergherit , *pret.* Vergheriá .
Voltare , *tornare indietro* . Vagharum , vagharit , *pret.* Vagharia , *neg.* Vanagharum .
Volto , o vulto . Rù , Suréta .
Vomitare . Vahrascium , Vahrascit , *pret.* Vahrasciá .
Vomito . Elingia .
Venire il vomito . Elingia tet .

Uo-

Italiano, e Kurdo.

Uomo. Mer, Merovi.
Uomo coraggioso - Gioamér, Merda.
Uomo pauroso - Tersòk, oppure Kuna, Kun frá, cioè che se la fa nei calzoni (*frase Kurda*).
Uomo di cattivo naturale, *che cerca litigare con tutti, reca inquietudine, e disturbo* - Sceretta.
Uomo, *per persona umana.* Ansàn.
Votare, *v. g. una casa.* Kalì be kem.
Votare, *gettar via il contenuto d'un vaso, o altro* - Resium, Resit, *pret.* Ret.
Votare, *far promessa a Dio.* Nadúr kem.
Votato a Dio. Mandúr.
Voto, *a Dio* Nadúr.
Voto, *senza niente.* Bosc.
Vrina. Miz.
Vrinare. Mizum, Mizit, *pret.* Mizt.
Vrlare, *alzar la voce, per domandar ajuto, e misericordia.* Avára ghazì tkem.
Urlare *de' cani, e lupi &c. vedi* Gridare.
Vrna *di terra cotta* Lina.
Vrtare, *dar un urto ad uno.* Pal ledem, pala perinum.
Vrtare, *toccare in qualche cosa.* Anghavum, Anghavit, *pret.* Anghaft.
Vrtare, *inciampare.* Pe anghavum.
Vrtica, *vedi* Ortica.
Vrto. Pal, Anghafrina.
Esanza. Resa, Adéta.
Vsare, *aver costumanza.* Adet aia, Resa aia.
Vsare, *seguitare a far l'istesso.* Stämel kem.
Vscio - Dergha.
Vsciere - Derghaván.

S 4   Usci-

Uscire *con onore da qualche impegno* - Speiát Derkavum.

Uscire. Derkavum, Derkavit, *pret.* Der keft, *neg.* Der nakavum.

Uscita. Der keftina.

Uscita di corpo, *si fa verbo* Il ventre va. Zik cit, *pret.* Zik ció.

Uscita, *spesa* · Msràf.

Usura. Faida, Seléf.

Usurajo. Faida kar.

Usurpare. Bu qo elgherum, *prender per se stesso*.

Usurpare, *prender per forza*. Koték stinnm, kotek stinit, *pret.* Kotek stand.

Utero. Mala piciuk, Mala kuru, *casa de' fanciulli, (espressione Kurda)*.

Utile. Faida, K̄eira.

Utraro, *chi porta l'acqua con utre* - Ravián.

Utre *di cuojo forte, col quale li Turchi si servono per portar acqua sopra le some* - Ravia.

Utre, *cioè una pelle di capra, colla quale portano l'acqua sulle spalle* - K̄orba.

Utre *in genere* - Mesck.

Utre *di pelle di pecora, o agnello, conciata bella bianca, che serve come di bisaccia* - Ombán.

Uva, *frutto*, Trí.

Uva, *pianta*, Dera trì.

Uva, *grappolo* - Usek.

Uva secca, *vedi* Zibibo.

Zaf-

Z

Zaffarano - Zafràn.
Zaffiro. Iakut.
Zamarra. Farraga.
Zampa. Lapk, *comunemente i piedi d'avanti de' quadrupedi li chiamano* Mano. Deft.
Zappa. Taver.
Zappare. Ard bokolum, Ard bokolit, *pret.* Ard bokolá, *la terra scavo*.
Zelante - Qodam ghira, Ghiréta.
Zelare - Ghira kescium, Ghira kescit, *pret.* Ghira kesciá, *lo zelo tito (frase Kurda)*.
Zelo - Ghira, Ghiréta.
Zenzala - Pesci.
Zenzaliera - Kulla.
Zenzevere, *osia* Giengievo - Zengibil.
Zero - Nukat.
Zia paterna - Metà.
Zia materna - Kaléta.
Zinale - Bermàl.
Zio paterno - Mámo, Màm.
Zio materno. Kali.
Zibibo - Mevìs.
Zibibo nero - Mevìs resc.
Zibibo rosso - Mevìs sór.
Zitella - Keccia.
Zizania - Zivàn.
Zoppicare - Langhum, Langhit, *pret.* Langhì, *neg.* Na langhúm.
Zoppo - Langh, Langher.

Zuc-

Zucca - Kolénd.
Zucca *di specie piccola* - Kundek.
Zuccone, *uomo senza intendimento* - Ahhmák. Be ákel.
Zuccaro - Sukker.
Zuccaro bianco fino - Sukker frangì.
Zuccaro candito - Nebát.
Zuffa - Scèr.
Żuffarsi, *battersi uno con l' altro* - Lek le dem.

ORAZIONE DOMENICALE

In lingua, e frase Kurda.

Babe ma ke derùnit ſer aſmán: mv̄kaddas bit nave ta.
Bdèi a ma baehſcte ta.
Debìt amráda ta ſer aſmàn, u ſer ard.
Au,ro u ehr rvz tera nan bdéi a ma.
U āſu beka ghuna ma, ſibi am āſu bekem ehr kī cekiria a ma zerer, ia zahhmet.
U na aveſia ma naſ tegerib.
Amma Kalasbeka ma ez Karàbia. Amìn.

PAter noſter qui es in cælis: ſanctificetur nomen tuum. Fiat voluntas tua, ſicut in cælo, & in terra. Panem noſtrum quotidianum da nobis hodie. Et dimitte nobis debita noſtra, ſicut & nos dimittimus debitoribus noſtris. Et ne nos inducas in tentationem. Sed libera nos a malo. Amen.

SALUTAZIONE ANGELICA.

Salam leki, ia Mariam; tegì naméta Qodé. El Rab ghel ta; Mvbarak tu bein zenàn, u mubarak meva zike ta Saidna (*) Isa. Kadusa Mariam daika Qodé nevesia beka bu ma ghunakar; nuk u 'l sât meria ma. Amìn.

Ave Maria gratia plena: Dominus tecum: Benedicta tu in mulieribus, & benedictus fructus ventris tui Jesus. Sancta Maria Mater Dei. ora pro nobis peccatoribus; nunc, & in hora mortis nostræ. Amen.

---

(1) Saidna - Nostro Signore; parola araba, di cui si servono anche li Kurdi quando nominano qualche Profeta, per il gran rispetto; come pure Salam leki; El Rab, sono parole arabe, ma le usano nelle loro orazioni, e precazioni.

DE-

DECRETUM

Sac. Congreg. generalis de Propaganda Fide hab. die 27. Novembris 1786.

REferente R. P. D. Stephano Borgia Secretario, valde profuturum, si ad informandos Operarios, qui ad excolendam Domini vineam in Mesopotamiam mittuntur, Grammatica, & Dictionarium linguæ Kurdæ a Rev. P. Mauritio Garzoni Ordinis Prædicatorum emerito Missionario elucubratum typis mandetur; Sacra Congregatio rei utilitatem perpendens decrevit, ac jussit, ut eadem Grammatica, & Dictionarium linguæ Kurdæ typis, ac sumptibus ipsius Sacræ Congregationis accurate excudatur.

Datum Romæ ex ædibus prædictæ S. Congregatinis die, & anno, quibus supra.

L. CARD. ANTONELLI PRÆF.

S. Borgia Secretar.

CORREZIONE.

Degli errori principali occorsi nella lingua Kurda;
Il primo numero indica la pagina,
il secondo la linea.

Pag.				
17	2	Duh	*si corregga*	Du
23	3	Sciogol		Séioghol
37	28	b,em		b,et
50	15.21	Pist		Pisct

E così si corregga ovunque occorre tal parola, che significa Schiena, dietro, dorso.

Pag. 53 15.23 Er   Ehr

E questa parola pure così si deve correggere, quando significa Sempre, ogni, qualunque.

Pag.			
57	3	Suát	Scuàt
	26	Bah	Bà
58	1	Bahbellsk	Babelisk
60	4	Zerave	Zehr ave
65	15	Isa	Āisa

Si deve però riflettere, che si pronunia come se fosse Īsa; cascando la gutturale dell' ā, tutto sopra l' i, quasi che fosse una lettera sola.

Pag.			
66	14	) Isa	Āisa, o sia Īsa
112	1	)	
68	1	Arak	Ārak
	11	Mazi	Mahsi
71	7.26	Escia	Ehhsiàr.
	8	Krus	Ghrusc
	20	Nisan	Niscàn.
72	23	Da	Dah
73	5	Te	Tu
	21	Ehdi	

	21	Ehdi	Idi
76	26.27	Tahza	Taza
82	28	Ciakma	Ciakmak
90	33	Kauna	Kahuna
92	24	Scesh	Scesc
95	32	Scier	Scer

Questa parola occorre pure frequentemente, che significa Lite, contrasto, battaglia, molestia d'inquietudine &c. *si corregga dunque, perchè* Scier, *o sia* Sciero, *è nome proprio del leone.*

Pag. 100	1	Giehi	Gići
120	10	Em	Kem
121	32	) Sciak	Siak
122	9		
128	1	*ed altrove* Scieriāt	Sceriār.
155	28	Ka am	Karám
158	15	Baarit	Baāit
169	1.2	Ahmel	Ahhmla
181	6	Kin à	Kima
210	12	Deest	Dest
215	33	Singh	Scink
226	15	*pret.* Drum	Drum, *pret.*
	17	Zam anedrú	Zamáne drú
234	6	Danà bum, Danabù	Tanà bum, Tanàbu
240	32	Zireh	Zirék
246	6	Kalmst	Kalmét
248	6	Kaliak	Kaliah
280	26	Dera	Dare
106	18	piffi	pizi

Noa

Non ho fatto la correzione delle parole Italiane, perchè ognuno facilmente se ne può accorgere; Nella stampa si sono omessi molti accenti, e segni gutturali; nè piú si può rimediare, se non con dar orecchio parlando con le persone nazionali, e coll'esercizio; forse ancor io avrò fatto qualche errore di ortografia Kurda, sarò però compatito, perchè non aveva libri da confrontare.

LODE A DIO.

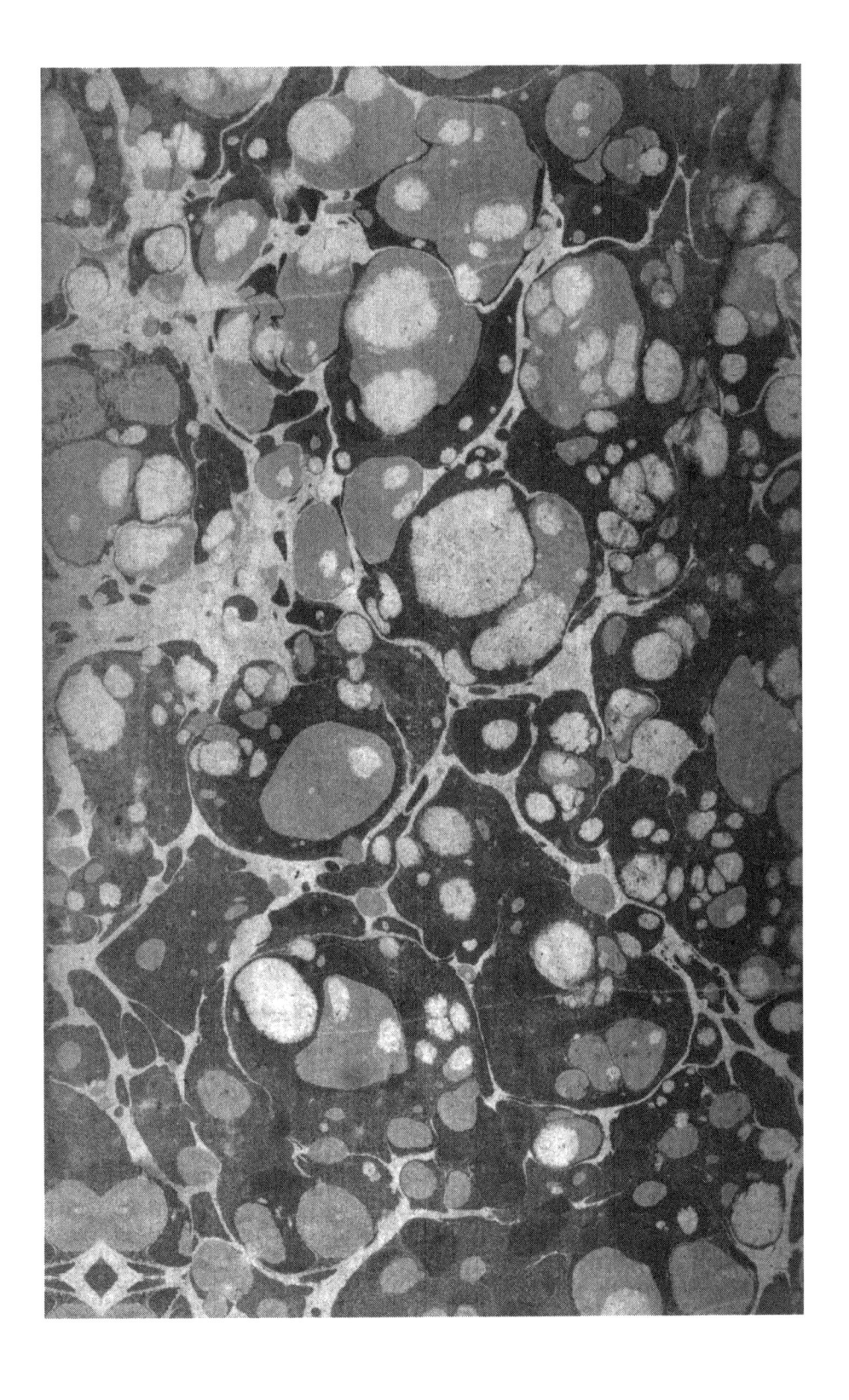

Milton Keynes UK
Ingram Content Group UK Ltd.
UKHW012215020224
437193UK00004B/144